Wortschatz einfach praktisch Dänisch

Die wichtigsten Wörter und Wendungen

Angela Pude

Hueber Verlag

3. 2. 1. | Die letzten Ziffern
2015 14 13 12 11 | bezeichnen Zahl und Jahr des Druckes.
Alle Drucke dieser Auflage können, da unverändert,
nebeneinander benutzt werden.
1. Auflage

Redaktion: Heike Birner, Hueber Verlag, Ismaning
Umschlaggestaltung: Parzhuber & Partner, München
Umschlaggestaltung Abbildung: wentzlaff | pfaff | güldenpfennig kommunikation GmbH, München
Umschlagfotos: Frau: © getty images/Stockbyte; Meerjungfrau: © fotolia/ArTo
Zeichnungen: Bettina Kumpe, Braunschweig
Layout: Sarah-Vanessa Schäfer, Hueber Verlag, Ismaning
Satz: Büro Sieveking GmbH, München
Druck und Bindung: Ludwig Auer GmbH, Donauwörth
Printed in Germany
ISBN 978-3-19-009614-5

Einführung

Der „Wortschatz einfach praktisch Dänisch“ hilft Ihnen, sich schnell und mühelos die wichtigsten dänischen Wörter und Redewendungen anzueignen. Die 12 thematisch gegliederten Kapitel enthalten circa 1.000 Wörter sowie zusätzlich circa 400 gängige Redewendungen. Ob Sie alleine oder im Kurs lernen, ob Sie einen kurzen Aufenthalt im Land planen, sich auf bestimmte Themen oder Situationen gezielt vorbereiten oder systematisch einen Basiswortschatz aufbauen möchten – durch seine klare, thematische Anordnung und Aktualität ist der „Wortschatz einfach praktisch“ das ideale Mittel.

Wie verwende ich den Wortschatz einfach praktisch?

1. Die 12 thematisch gegliederten Hauptkapitel ermöglichen es Ihnen, sich die wichtigsten Wörter eines Sachgebiets rasch zu erschließen. Alle Wortlisten sind ergänzt durch einfache, aktuelle Beispielsätze.
2. Die farbig hervorgehobenen Informationsfelder erklären wichtige sprachliche und landeskundliche Zusammenhänge.
3. Mit den Kurztests nach jedem Kapitel können Sie auf unterhaltsame Weise Ihren Lernfortschritt überprüfen bzw. das Gelernte festigen. Die Lösungen zu den Tests finden Sie im Anhang dieses Buches.
4. Im Internet unter **www.hueber.de/audioservice** können alle Wörter und Redewendungen zum Anhören heruntergeladen werden.

Wie präge ich mir neue Wörter ein?

→ Sehr hilfreich ist es, die Wörter laut zu sprechen. Nutzen Sie dabei die Hinweise zur Aussprache auf den Seiten 9–10.

→ Decken Sie in den Wortlisten jeweils eine Spalte ab – Dänisch oder Deutsch – und übersetzen Sie die Wörter. Kontrollieren Sie sich anschließend. Ändern Sie die Reihenfolge, in der Sie die Wörter lernen.

→ Üben Sie 8–10 neue Einheiten pro Tag. Wiederholen Sie regelmäßig die an den Tagen zuvor gelernten Wörter.

→ Ihr Lernerfolg wird größer, wenn Sie regelmäßig jeden Tag circa 15 Minuten intensiv lernen, als einmal in der Woche eine Stunde.

→ Verwenden Sie Karteikarten und tragen Sie sie bei sich. Schreiben Sie auf eine Seite das deutsche Wort, auf die andere Seite die dänische Übersetzung, möglichst mit einem Beispielsatz.

Inhaltsverzeichnis

Vorbemerkungen

Substantiv – Genus und Artikel

Das Dänische kennt zwei grammatikalische Geschlechter: Utrum (männlich und weiblich) und Neutrum (sächlich). Es ist in der Regel nicht an der Form der Substantive erkennbar, welchem Genus sie angehören. Das Geschlecht zeigt sich im Singular an den vorangestellten unbestimmten Artikeln *en* und *et* (z.B. ***en*** *pige* = ein Mädchen, ***et*** *barn* = ein Kind) bzw. an den bestimmten angehängten Artikeln *-(e)n* sowie *-(e)t* (z.B. *pige**n*** = das Mädchen, *barn**et*** = das Kind) und sollte mit dem Substantiv zusammen gelernt werden. Im vorliegenden Wortschatz gibt die erste Endung den anzuhängenden Artikel an.

Substantiv – Pluralbildung

Die Form der Pluralbildung ist unabhängig vom Genus der Substantive. Im Dänischen gibt es vier verschiedene Möglichkeiten den unbestimmten Plural zu bilden: Grundform + *-(e)r* (z.B. *en pige – to piger* = zwei Mädchen), Grundform + *-e* (z.B. *en dreng – to drenge* = zwei Jungen), ohne zusätzliche Endung (z.B. *et ægtepar – to ægtepar* = zwei Ehepaare) sowie unregelmäßige Pluralformen, die von einem Vokalwechsel gekennzeichnet sind (z.B. *et barn – to børn* = zwei Kinder). Im vorliegenden Wortschatz gibt die zweite Endung die Form der unbestimmten Pluralbildung an. Alternative Möglichkeiten der Pluralbildung sind durch Schrägstrich gekennzeichnet.

Adjektiv und Adverb

Die Adjektive stehen wie im Deutschen entweder prädikativ nach den Verben *sein* oder *werden* oder attributiv vor einem Substantiv. Beim prädikativen Gebrauch und beim attributiven Gebrauch mit unbestimmten Substantiven richtet sich die Adjektivendung nach Geschlecht und Zahl des Substantivs und hat drei Formen:

1. *en*-Wörter: Grundform,
2. *et*-Wörter: Grundform + *-t*,
3. Plural: Grundform + *-e*.

Im vorliegenden Wortschatz werden die Endungen für die *t*-Form und für die *e*-Form aufgeführt.
Von den meisten Adjektiven kann ein Adverb gebildet werden, indem ein *-t* an das Adjektiv angehängt wird. Die Adverbialformen sind daher nicht gesondert aufgeführt.

Verben

Anhand der Bildung des Präteritums und des Partizips Perfekt lassen sich im Dänischen drei Konjugationsgruppen unterscheiden: zwei Gruppen von regelmäßigen Verben sowie die Gruppe der unregelmäßigen Verben. Bei den regelmäßigen Verben wird das Präteritum bzw. das Partizip Perfekt durch die Endungen *-ede / -et* bzw. *-te / -t* gebildet. Die unregelmäßigen Verben sind meist durch einen Vokalwechsel gekennzeichnet. Im vorliegenden Wortschatz gibt die erste Endung bzw. unregelmäßige Form das Präteritum an, während die zweite Endung bzw. unregelmäßige Form das Partizip Perfekt angibt.

Schreibung und Aussprache

Das dänische Alphabet hat 29 Buchstaben, zusätzlich zu denen des deutschen noch æ, ø und å, die am Ende des Alphabets stehen. Die Buchstaben c, q, w, x und z stehen nur in Fremdwörtern und Eigennamen. Das ß und die deutschen Umlaute sind nicht gebräuchlich.

Die dänische Aussprache weicht häufig sehr vom Schriftbild ab. Viele Buchstaben werden verschluckt oder zusammengezogen. Besonders schwierig ist die Aussprache der Vokale: Ein Buchstabe kann unterschiedlich ausgesprochen werden und gleiche Laute können durch verschiedene Buchstaben abgebildet werden. Leider gibt es nur wenig klar definierte Ausspracheregeln.

Die folgende Liste umfasst nur die wichtigsten Vokalunterschiede und die Aussprachehinweise gelten nur als Faustregeln, zu denen es zahlreiche Ausnahmen gibt.

Vokale

Buchstabe	Aussprache	Dänisches Beispiel
a	lang, ungefähr wie ä in Käse	tale = sprechen
a	kurz, vor und nach r, sowie vor k, m und ng wie a in Hans	tak = danke
e	lang, wie e in Esel	se = sehen
e	kurz, wie e in Bett	fem = fünf
i	lang, wie ie in Mief	spise = essen
i	kurz, oft vor k, g, m und n wie e in elektrisch	ikke = nicht
o	lang, wie o in Ofen	god = gut
o	kurz, wie o in hoffen	komme = kommen
u	lang, wie u in Ufer	jul = Weihnachten
u	kurz, nach r und vor n und m wie u in unter	ung = jung
y	lang, wie ü in über	tyve = zwanzig
y	kurz, wie ö in Ökonomie	lykke = Glück

æ	wie ä in ähnlich	læse = lesen
ø	lang, wie ö in Ökonomie	søde = süße
ø	kurz, vor m und n und nach r wie ö in Töpfe	søn = Sohn
å	lang, offener als o in Ofen	låne = leihen
å	kurz, wie o in hoffen	hånd = Hand

Konsonanten

Die Konsonanten b, f, h, j, k , l, m, n, ng, p und t entsprechen den gleichen Lauten im Deutschen.

Ausnahmen:

- h in hj und hv stumm: hvad = was
- f in der Vorsilbe af- wie au: afgang = Abfahrt
- Die Doppelkonsonanten kk, pp und tt werden weicher gesprochen als im Deutschen.

Buchstabe	Aussprache	Dänisches Beispiel
d	am Wort- und Silbenanfang wie d in Dose	dåse = Dose
d	nach l, n und r stumm	undskyld = Entschuldigung
d	nach Vokalen zwischen englischem th und deutschem l	hedde = heißen
g	am Wort- und Silbenanfang wie g in Garten	gift = verheiratet
g	nach i, e, æ, a, y, ø wie j in Junge oder stumm	lige = gleich
g	nach o, u, å unsilbisches u oder stumm	tog = Zug
r	wie r in rot (nicht gerollt)	frugt = Frucht
s	wie ss in Wasser	spise = essen
v	am Wort- und Silbenanfang wie w in Wasser	ven = Freund
v	stumm nach l	halv = halb
v	u nach Vokalen	navn = Name

Familie und Bekanntschaften

Familiemedlemmer
Familienmitglieder

mor, -en, mødre	Mutter
far, -en, fædre	Vater
forældre	Eltern
søn, -nen, -ner	Sohn
datter, -en, døtre	Tochter
barn, -et, børn	Kind
dreng, -en, -e	Junge
pige, -n, -r	Mädchen
bror, -en, brødre	Bruder
min lillebror	mein kleiner / jüngerer Bruder
søster, -en, søstre	Schwester
min storesøster	meine große / ältere Schwester

søskende	Geschwister
bedstefar, -en, -fædre	Großvater, Opa
farfar, -en, -fædre	Großvater (väterlicherseits)
morfar, -en, -fædre	Großvater (mütterlicherseits)
bedstemor, -en, -mødre	Großmutter, Oma
farmor, -en, -mødre	Großmutter (väterlicherseits)

mormor, -en, -mødre	Großmutter (mütterlicherseits)
bedsteforældre	Großeltern
barnebarn, -et, børnebørn	Enkel, Enkelin
onkel, -en, onkler	Onkel
farbror, -en, -brødre	Onkel (väterlicherseits)
morbror, -en, -brødre	Onkel (mütterlicherseits)
tante, -n, -r	Tante
faster, -en, fastre	Tante (väterlicherseits)
moster, -en, mostre	Tante (mütterlicherseits)

Die Königliche Familie

Im durch und durch demokratisch gesinnten Dänemark ist das Königshaus fest etabliert und sehr beliebt. Dänemark ist eine konstitutionelle Monarchie, d. h. dass die Königin gemäß Verfassung keine politischen Handlungen vornehmen darf. Sie repräsentiert Dänemark nach außen und fungiert im eigenen Land als nationale Identifikationsfigur.

dronning, -en, -er	Königin
konge, -n, -r	König
kronprins, -en, -er	Kronprinz
kronprinsesse, -n, -r	Kronprinzessin
kongehus, -et, -e	Königshaus

fætter, -en, fætre	Cousin
kusine, -n, -r	Cousine
nevø, -en, -er	Neffe
niece, -n, -r	Nichte
(ægte)mand, -en, mænd	(Ehe)Mann
kone, -n, -r	(Ehe)Frau
ægtepar, -ret, -	Ehepaar
svigersøn, -nen, -ner	Schwiegersohn
svigerdatter, -en, -døtre	Schwiegertochter
svigerfar, -en, -fædre	Schwiegervater
svigermor, -en, -mødre	Schwiegermutter
svoger, -en, svogre	Schwager

svigerinde, -n, -r	Schwägerin
ven, -nen, -ner	Freund
veninde, -n, -r	Freundin
kæreste, -n, -r	Freund / Freundin (in einer Beziehung)
brudgom, -men, -me	Bräutigam
brud, -en, -e	Braut

Bekendtskaber
Bekanntschaften

Hej, hvordan går det?	Hallo, wie geht's?
Hvordan går det med dig (Dem)?	Wie geht es dir / Ihnen?
Hvordan har du det?	Wie geht es dir?
Rart at møde dig (Dem).	Freut mich, dich / Sie kennenzulernen.

Duzen oder Siezen?

In Dänemark ist das *du* (du) die übliche Anredeform. So werden Kollegen, Vorgesetzte, Lehrer, Minister und Polizisten in Dänemark geduzt – frei nach dem Motto: Alle verdienen den gleichen Respekt. Die meisten Dänen empfinden die informelle Anrede als höflich, offen und zuvorkommend. Doch es gibt auch Ausnahmen. So bevorzugt die ältere Generation teilweise das *De* (Sie) und auch in manchen Hotels und Restaurants werden die Mitarbeiter angehalten, die Gäste zu siezen. Außerdem kennen viele Dänen die Bedeutung des Siezens in Deutschland, ein übertrieben schnelles *du* kann daher manchmal unpassend wirken. Es empfiehlt sich abzuwarten, wie man selbst angesprochen wird, und dann entsprechend zu reagieren.

Hvad hedder du?	Wie heißt du?
Hvad hedder De?	Wie heißen Sie?
Jeg hedder …	Ich heiße …
Mit navn er …	Mein Name ist …
Hvor bor du (henne)?	Wo wohnst du?
Hvor bor De (henne)?	Wo wohnen Sie?
Jeg bor i …	Ich wohne in …
Hvor kommer du fra?	Woher kommst du?
Hvor kommer De fra?	Woher kommen Sie?
Jeg kommer fra …	Ich bin aus …
Hvor gammel er du?	Wie alt bist du?
Hvor gammel er De?	Wie alt sind Sie?
Jeg er 26 år gammel.	Ich bin 26 Jahre alt.
Hvad laver du?	Was machst du (beruflich)?
Hvad laver De?	Was machen Sie (beruflich)?
Jeg er sekretær.	Ich bin Sekretär/in.
Og hvor arbejder du (henne)?	Und wo arbeitest du?
Og hvor arbejder De (henne)?	Und wo arbeiten Sie?
Jeg arbejder på kontor.	Ich arbeite in einem Büro.
Hvornår er du født?	Wann bist du geboren?
Jeg er født den 5. juli 1983.	Ich bin am 5. Juli 1983 geboren.
Jeg er ugift.	Ich bin ledig.
Jeg er single.	Ich bin Single.
gift	verheiratet
skilt	geschieden
enke, -n, -r – enkemand	Witwe – Witwer
Hvordan er dine (Deres) nye naboer?	Wie sind deine / Ihre neuen Nachbarn?
De er venlige.	Sie sind freundlich.

uvenlig, -t, -e	unfreundlich
Har De børn?	Haben Sie Kinder?
Har du børn?	Hast du Kinder?
Ja, de er meget søde.	Ja, sie sind sehr lieb.

Personbeskrivelse

Beschreibung von Personen

smuk, -t, -ke	schön, hübsch (überwiegend bei Frauen)
flot, -, -te	gut aussehend (bei Frauen und Männern)
grim, -t, -me	hässlich
slank, -t, -e	schlank
tyk, -t, -ke	dick
høj, -t, -e	groß
lille, -, små	klein
livlig, -t, -e	lebhaft
rolig, -t, -e	ruhig
interessant, -, -e	interessant
kedelig, -t, -e	langweilig
gammel, -t, gamle	alt
ung, -t, -e	jung
Hun har blå øjne.	Sie hat blaue Augen.
Han har skæg.	Er hat einen Bart.
overskæg, -get, -	Schnurrbart
Jeg bruger briller.	Ich trage eine Brille.
Hun er lyshåret.	Sie ist blond.
Han har mørkt hår.	Er hat schwarze Haare.
langt hår	lange Haare
kort hår	kurze Haare
krøllet hår	krause Haare
glat hår	glatte Haare

Aftaler og flirt

Verabredungen und Flirt

Har du tid i aften?	Hast du heute Abend Zeit?
Skal vi ikke i biografen i aften?	Wir könnten heute Abend ins Kino gehen.
Har du lyst til at gå ud at danse?	Hast du Lust, tanzen zu gehen?
Må jeg invitere dig til middag?	Darf ich dich zum Abendessen einladen?
Må jeg invitere dig til kaffe?	Darf ich Sie zu einem Kaffee einladen?
Hvad med et glas vin?	Wie wär's mit einem Gläschen Wein?
Skal vi gå en tur?	Wollen wir einen Spaziergang machen?
Rigtig god idé!	Super Idee!
(Det er) I orden.	Einverstanden!
Hvad tid skal vi mødes?	Um wie viel Uhr treffen wir uns?
Hvor skal vi mødes?	Wo treffen wir uns?
Klokken halv otte foran biografen?	Um halb acht vor dem Kino?
Nej, lidt senere.	Nein, etwas später.
I aften har jeg desværre ikke tid.	Heute Abend habe ich leider keine Zeit.
Jeg er ked af det, jeg går hellere i teatret.	Tut mir leid, ich gehe lieber ins Theater.
Jeg kan ikke lide at danse.	Ich tanze nicht gern.
Hvad med i morgen?	Wie wär's mit morgen?
I morgen passer mig godt.	Morgen passt mir gut.
Du har smukke øjne.	Du hast schöne Augen.
Tak, det var meget sødt af dig.	Danke, das ist sehr nett von dir.

Du taler vel nok godt dansk.	Du sprichst aber gut Dänisch.

Kan vi snart ses igen?	Können wir uns bald wieder sehen?
Jeg følger dig hjem.	Ich begleite dich gern nach Hause.
Jeg har savnet dig.	Ich habe dich vermisst.

Begrüßung und Abschied

Hej!	Hallo!
Dav!	Hallo!
God morgen!	Guten Morgen!
Goddag!	Guten Tag!
God aften!	Guten Abend!
Hej-hej!	Tschüs!
Farvel!	Auf Wiedersehen!
Vi ses!	Bis bald!
Vi ses i morgen!	Bis morgen!

Klokkeslæt
Uhrzeit

Hvad tid?	Um wie viel Uhr …?
Klokken et.	Um ein Uhr.
Klokken syv.	Um sieben Uhr.
Klokken kvart over tre.	Um Viertel nach drei.

Klokken halv syv.	Um halb sieben.
Klokken kvart i ni.	Um Viertel vor neun.
en halv time tidligere	eine halbe Stunde früher
en halv time senere	eine halbe Stunde später

Ugedage
Wochentage

mandag, -en, -e	Montag
tirsdag, -en, -e	Dienstag
onsdag, -en, -e	Mittwoch
torsdag, -en, -e	Donnerstag
fredag, -en, -e	Freitag
lørdag, -en, -e	Samstag
søndag, -en, -e	Sonntag

Måneder
Monate

januar, -en	Januar
februar, -en	Februar
marts, -en	März
april, -en	April
maj, -en	Mai
juni, -en	Juni
juli, -en	Juli
august, -en	August
september, -en	September
oktober, -en	Oktober
november, -en	November
december, -en	Dezember

Årstider

Jahreszeiten

forår, -et, -	Frühling
sommer, -en, somre	Sommer
efterår, -et, -	Herbst
vinter, -en, vintre	Winter

1 Test

1 Ergänzen Sie den Stammbaum.

bror	datter	farbror	farfar
farmor	faster	morbror	morfar
moster	søster		

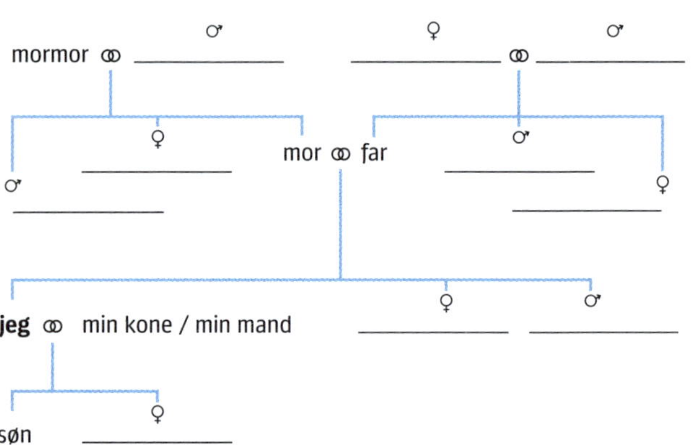

2 Welche Antwort passt? Ordnen Sie zu.

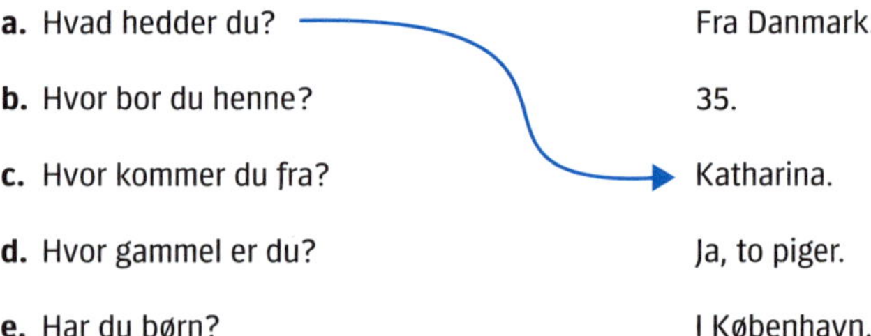

a. Hvad hedder du?
b. Hvor bor du henne?
c. Hvor kommer du fra?
d. Hvor gammel er du?
e. Har du børn?

Fra Danmark.
35.
Katharina.
Ja, to piger.
I København.

1 Test

3 **Notieren Sie das Gegenteil.**

a. flot ______________________

b. tyk ______________________

c. lille ______________________

d. interessant ______________________

e. gammel ______________________

f. kort hår ______________________

g. glat ______________________

4 **Was fehlt? Ergänzen Sie.**

a. mandag – tirsdag – onsdag – ____________

b. torsdag – fredag – ____________ – søndag

c. december – januar – februar – ____________

d. april – ____________ – juni – juli

e. vinter – forår – sommer – ____________

Wohnung

Almene vendinger rundt om at bo
Allgemeine Wendungen rund ums Wohnen

Jeg bor i (en) lejlighed ...	Ich lebe in einer Wohnung ...
... og vi i (et) hus.	... und wir in einem Haus.
rækkehus, -et, -e	Reihenhaus
dobbelthus, -et, -e	Doppelhaushälfte
lejlighed, -en, -er	Wohnung
ejerlejlighed, -en, -er	Eigentumswohnung
sal, -en, -e	Stockwerk
på tredje sal	im 3. Stock
skyskraber, -en, -e	Wolkenkratzer
et hus med elevator	ein Haus mit Lift
trappe, -n, -r	Treppe
i byen	in der Stadt
landsby, -en, -er	Dorf
bydel, -en, -e	Stadtviertel
i udkanten af byen	am Stadtrand
i centrum	im Zentrum
på landet	auf dem Land

Stuer og huslige gøremål
Wohnräume und häusliche Tätigkeiten

(daglig)stue, -n, -r	Wohnzimmer
bo, -ede, -et	wohnen
spisestue, -n, -r	Esszimmer
spise, -te, -t	essen
soveværelse, -t, -r	Schlafzimmer
sove, sov, sovet	schlafen
børneværelse, -t, -r	Kinderzimmer

lege, -ede, -et	spielen
køkken, -et, -er	Küche
lave mad, -ede, -et	kochen
badeværelse, -t, -r	Badezimmer
tage brusebad, tog, taget	duschen
garderobe, -n, -r	Garderobe
tage frakken på, tog, taget	Mantel anziehen
tage jakken af, tog, taget	Jacke ausziehen
loft, -et, -er	Dachboden
kælder, -en, -e	Keller
arbejdsværelse, -t, -r	Arbeitszimmer
hobbyrum, -met, -	Bastel-, Hobbyraum
vinterhave, -n, -r	Wintergarten
læse avis, -te, -t	Zeitung lesen
altan, -en, -er	Balkon
terrasse, -n, -r	Terrasse
grille, -ede, -et	grillen

have, -n, -r	Garten
vande blomster, -ede, -et	Blumen gießen
græsplæne, -n, -r	Rasen
slå græs, slog, slået	Rasen mähen
garage, -n, -r	Garage
parkere bilen, -ede, -et	Auto abstellen

swimmingpool, -en, -s	Swimmingpool
svømme, -ede, -et	schwimmen
pudse vinduer, -ede, -et	Fenster putzen
støvsuge, -ede, -et	Staub saugen
vaske, -ede, -et	waschen
stryge, strøg, strøget	bügeln
vaske op, -ede, -et	abwaschen
rydde op, -ede, -et	aufräumen
gøre rent, gjorde, gjort	sauber machen, putzen
lave morgenmad, -ede, -et	Frühstück machen
lave mad, -ede, -et	Mittagessen kochen
bage kage, -te, -t	Kuchen backen
dække bord, -ede, -et	Tisch decken
tage af bordet, tog, taget	den Tisch abräumen
skrive en indkøbsliste, skrev, skrevet	Einkaufsliste schreiben

***Hygge* (Gemütlichkeit)**

Hygge ist ein wichtiger Bestandteil der dänischen Mentalität und Lebensart. Der Begriff lässt sich schwer übersetzen. Wörtlich bedeutet *hygge* Gemütlichkeit, Traulichkeit und Wohnlichkeit. Der Begriff ist eng verbunden mit einer angenehmen Atmosphäre sowohl in Bezug auf die Umgebung als auch in Bezug auf den Kontakt mit anderen. Außerdem spielen gemeinsames Essen und Trinken eine nicht unwesentliche Rolle.

Møbler og indretning

Möbel und Einrichtung

bord, -et, -e	Tisch
stol, -en, -e	Stuhl
bænk, -en, -e	Bank
skab, -et, -e	Schrank
sofa, -en, -er	Couch

pude, -n, -r	Kissen
lænestol, -en, -er	Sessel
gyngestol, -en, -er	Schaukelstuhl
reol, -en, -er	Regal
seng, -en, -e	Bett
madras, -sen, -ser	Matratze
hovedpude, -n, -r	Kopfkissen
lagen, -et, -er	Bettlaken
dyne, -n, -r	Bettdecke
natbord, -et, -e	Nachttisch
klædeskab, -et, -e	Kleiderschrank
skrivebord, -et, -e	Schreibtisch
håndvask, -en, -e	Waschbecken
badekar, -ret, -	Badewanne
brusebad, -et, -e	Dusche
toilet, -tet, -ter	Toilette
vandhane, -n, -r	Wasserhahn
gardin, -et, -er	Gardine
plante, -n, -r	Pflanze
vase, -n, -r	Blumenvase
billede, -t, -r	Bild
lampe, -n, -r	Lampe
standerlampe, -n, -r	Stehlampe
loft, -et, -er	Zimmerdecke
væg, -gen, -ge	Wand
dør, -en, -e	Tür
vindue, -t, -r	Fenster
tapet, -et, -er	Tapete
gulv, -et, -e	Fußboden
(gulv)tæppe, -t, -r	Teppich
flise, -n, -r	Fliese
spejl, -et, -e	Spiegel

Dänisches Design

Ob Architektur, Möbel oder Wohndesign – dänische Designer wie Arne Jacobsen, Poul Henningsen, Hans J. Wegner haben dänisches Design weltweit bekannt gemacht. Aus vielen dänischen Haushalten ist der schlichte, stapelbare Stuhl *Myren* (die Ameise, 1950) von Arne Jacobsen nicht wegzudenken. Und auch an den nach Poul Henningsen benannten PH-Lampen (1925) kommt man in Dänemark kaum vorbei.

Husholdningsmaskiner

Haushaltsgeräte

vaskemaskine, -n, -r	Waschmaschine
tørretumbler, -en, -e	Wäschetrockner
strygejern, -et, -	Bügeleisen
opvaskemaskine, -n, -r	Geschirrspüler
køleskab, -et, -e	Kühlschrank
fryser, -en, -e	Gefriertruhe
blender, -en, -e	Mixer
dåseåbner, -en, -e	Dosenöffner
brødrister, -en, -e	Toaster
komfur, -et, -er	Herd
mikrobølgeovn, -en, -e	Mikrowellenherd
bageovn, -en, -e	Backofen
boremaskine, -n, -r	Bohrmaschine
skruetrækker, -en, -e	Schraubenzieher
græsslåmaskine, -n, -r	Rasenmäher

1 Was machen Sie wo? Ordnen Sie zu.

a. Jeg sover	i haven.
b. Min datter leger	i badeværelset.
c. Jeg laver mad	i stuen.
d. Jeg tager brusebad	i soveværelset.
e. Jeg spiser	i børneværelset.
f. Jeg griller	i spisestuen.
g. Jeg læser avis	i køkkenet.

2 Welches Wort passt nicht in die Reihe? Markieren Sie.

a. altan	terrasse	have	~~kælder~~
b. gyngestol	lejlighed	reol	seng
c. vindue	gulv	væg	pude
d. boremaskine	brødrister	komfur	køleskab
e. billede	lampe	støvsuge	vase

3 **Wie heißen diese Wörter richtig? Notieren Sie.**

a. skskbyarre s____________

b. plæærgsne g____________

c. raadbek b____________

d. skkkerærtrue s____________

e. ttrumøerrble t____________

f. rskbrdioev s____________

4 **Ergänzen Sie die passenden Verben bei den folgenden häuslichen Tätigkeiten.**

a. ____________ mad

b. ____________ vinduer

c. ____________ blomster

d. ____________ rent

e. ____________ bord

f. ____________ græs

g. ____________ en indkøbsliste

Kleidung

Stykker tøj
Kleidungsstücke

kjole, -n, -r	Kleid
nederdel, -en, -e	Rock
bluse, -n, -r	Bluse
sweater, -en, -e	Pullover
skjorte, -n, -r	Oberhemd
slips, -et, -	Krawatte
T-shirt, -en, -s	T-Shirt
bukser	Hose
jeans	Jeans
bælte, -t, -r	Gürtel
jakkesæt, -tet, -	Anzug
jakkesæt med nederdel	Kostüm
jakke, -n, -r	Jacke
vest, -en, -e	Weste
sokker	Socken
knæstrømper	Kniestrümpfe
strømpebukser	Strumpfhose
frakke, -n, -r	Mantel
handsker	Handschuhe
halstørklæde, -t, -r	Schal
hue, -n, -r	Mütze
hat, -ten, -te	Hut
pyjamas, -sen, -ser	Schlafanzug
badebukser	Badehose
badedragt, -en, -er	Badeanzug
sko	Schuhe
støvler	Stiefel
sandaler	Sandalen
kondisko	Turnschuhe

Vendinger
Redewendungen

Kan jeg hjælpe dig (Dem)?	Kann ich dir / Ihnen helfen?
Nej tak, jeg kigger bare.	Nein danke, ich gucke nur.
Den her bluse kan jeg godt lide.	Diese Bluse gefällt mir sehr gut.
Jeg tager den.	Ich nehme sie.
Kan jeg prøve den?	Kann ich sie anprobieren?
Hvor er prøverummene?	Wo sind die Umkleidekabinen?
Kjolen er for stram til mig.	Das Kleid ist mir zu eng.
Den her nederdel er for lang til mig.	Dieser Rock ist mir zu lang.
De her bukser er for korte til mig.	Diese Hose ist mir zu kurz.
T-shirten er for stor til mig.	Das T-Shirt ist mir zu weit.
Har du (De) den / det / dem en størrelse mindre?	Haben Sie ihn / sie / es eine Größe kleiner?

På kontoret har han altid et jakkesæt på.	Im Büro trägt er immer einen Anzug.

Jeg kunne godt tænke mig nogle vintersko.	Ich hätte gerne Winterschuhe.
De her sko er for små.	Diese Schuhe sind zu klein.
Har du (De) dem en størrelse større?	Haben Sie sie eine Nummer größer?
Den hat klæder hende meget godt.	Dieser Hut steht ihr sehr gut.

Farve, mønster og materiale
Farbe, Muster und Material

en hvid bluse	eine weiße Bluse
en blå sweater	ein blauer Pullover
en lyseblå sweater	ein hellblauer Pullover
en mørkeblå nederdel	ein dunkelblauer Rock
en gul bikini	ein gelber Bikini
sorte jeans	schwarze Jeans
brune sko	braune Schuhe
en grøn T-shirt	ein grünes T-Shirt
grå sokker	graue Socken
en rød nederdel	ein rotes Kleid
en rød nederdel med hvide prikker	ein rotes Kleid mit weißen Punkten

et rødt/blåt-stribet slips	eine rot-blau gestreifte Krawatte
en ternet jakke	eine karierte Jacke
en blomstret bluse	eine Bluse mit einem Blumenmuster
et silketørklæde	ein Seidentuch
en T-shirt af bomuld	ein T-Shirt aus Baumwolle
uldsokker	Wollsocken
lædersko	Lederschuhe

Stellung des Adjektivs

Wie im Deutschen stehen Adjektive entweder attributiv vor einem Substantiv oder folgen prädikativ auf die Verben *være* (sein) und *blive* (werden).
Beim attributiven Gebrauch mit unbestimmten Substantiven richtet sich das Adjektiv wie im Deutschen nach Geschlecht und Zahl des Substantivs:

Grundform:	*en **brun** bluse*	eine braune Bluse
Grundform + *t*:	*et **brunt** slips*	ein brauner Schlips
Grundform + *e*:	***brune** sokker*	braune Socken

Smykker

Schmuck

smykker	Schmuck
perlekæde, -n, -r	Perlenkette
armbånd, -et, -	Armband
diamantring, -en, -e	Diamantring
øreringe af guld	Ohrringe aus Gold
modesmykker	Modeschmuck
armbåndsur, -et, -e	Armbanduhr

1 Sortieren Sie.

gul	skjorte	bomuld	sort
ternet	kjole	nederdel	lyseblå
silke	læder	blomstret	stribet

a. tøj: ______________________________

____

b. materiale: ______________________________

____

c. farver: ______________________________

____

d. mønster: ______________________________

____

2 Ergänzen Sie die fehlenden Buchstaben.

a. J ___ g t ___ g ___ r d ___ n.

b. D ___ h ___ r b ___ ks ___ r ___ r f ___ r k ___ rl ___ .

c. K ___ n j ___ g pr ___ v ___ d ___ n?

d. Hv ___ r ___ r pr ___ v ___ r ___ mm ___ n ___?

e. N ___ ___ t ___ k, j ___ g k ___ gg ___ r b ___ r ___ .

3 Test

3 **Finden Sie 10 Kleidungsstücke und notieren Sie sie.**

A	C	V	E	L	D	B	Ø	Æ	K	M	R	P	D
J	E	G	H	P	V	L	N	D	A	I	E	Ø	Æ
T	S	J	L	L	A	U	B	E	R	I	G	H	U
Z	J	A	K	K	E	S	Æ	T	Ø	Å	E	R	B
A	S	D	F	G	H	E	L	I	R	H	Y	M	A
R	U	K	V	Ø	K	E	T	A	N	A	P	E	D
G	H	I	J	M	H	U	E	S	S	N	I	N	E
B	U	Å	P	A	F	D	S	K	I	D	Y	N	B
E	R	T	E	P	K	L	U	Æ	U	S	Å	L	U
O	R	S	V	M	N	D	N	L	S	K	O	A	K
J	U	L	D	S	O	K	K	E	R	E	D	L	S
E	I	I	A	Æ	Z	H	V	O	L	R	E	N	E
F	I	P	E	L	L	Å	T	Z	Ø	K	Y	L	R
S	T	S	T	Ø	V	L	E	R	A	U	Ø	G	I

Einkauf

Vendinger
Redewendungen

Hvad skulle det være?	Was darf es sein?
Har du (De) ...?	Haben Sie ...?
Er der ... i dag?	Gibt es heute ...?
Jeg skal have ... / Jeg vil gerne have ...	Ich hätte gern ...
Hvad koster blomkålen?	Was kostet der Blumenkohl?
Hvad koster appelsinerne?	Was kosten die Orangen?
dyr, -t, -e	teuer
billig, -t, -e	billig
rimelig, -t, -e	angemessen
Ellers andet?	Noch etwas?
Nej, tak. Det var det hele.	Nein, danke. Das ist alles.

Hvad bliver det?	Was macht das?
rabat, -ten, -ter	Rabatt
fem procent rabat	fünf Prozent Rabatt
udsalg, -et, -	Schlussverkauf
indkøbsvogn, -en, -e	Einkaufswagen

selvbetjening, -en, -er	Selbstbedienung
åbningstider	Öffnungszeiten
Hvad tid åbner bageriet?	Um wie viel Uhr öffnet die Bäckerei?
Hvad tid lukker banken?	Um wie viel Uhr schließt die Bank?
Supermarkedet er åbent fra klokken otte om morgenen til klokken otte om aftenen.	Der Supermarkt ist von 8 Uhr morgens bis 8 Uhr abends geöffnet.
kasse, -n, -r	Kasse

Tal, mængder og emballage
Zahlen, Mengen und Verpackung

nul	0
en / et – to – tre – fire – fem – seks – syv – otte – ni – ti –	1 – 2 – 3 – 4 – 5 – 6 – 7 – 8 – 9 – 10 –
elleve – tolv – tretten – fjorten – femten –	11 – 12 – 13 – 14 – 15 –
seksten – sytten – atten – nitten – tyve –	16 – 17 – 18 – 19 – 20 –
enogtyve – toogtyve – treogtyve – fireogtyve – femogtyve –	21 – 22 – 23 – 24 – 25 –
enogtredive – toogtredive – treogtredive ...	31 – 32 – 33 ...
fyrre – halvtreds – tres – halvfjerds – firs – halvfems –	40 – 50 – 60 – 70 – 80 – 90 –
(et) hundrede – (et) hundredenioghalvfems –	100 – 199 –
to hundrede – tre hundrede – fire hundrede – fem hundrede –	200 – 300 – 400 – 500 –
sekshundrede – syvhundrede – ottehundrede – nihundrede –	600 – 700 – 800 – 900 –

et tusind – to tusind	1.000 – 2.000
en million – to millioner	1.000.000 – 2.000.000
en milliard	1.000.000.000

Zahlungsverkehr

Im Bankwesen und im Zahlungsverkehr sind alternativ folgende Grundzahlen gebräuchlich:

20 toti	30 treti	49 firtini	70 syvti
21 totien	35 tretifem	50 femti	80 otti
22 totito	40 firti	60 seksti	90 niti

første – anden – tredje – fjerde – femte –	1. – 2. – 3. – 4. – 5. –
sjette – syvende – ottende – niende – tiende	6. – 7. – 8. – 9. – 10.
en flaske danskvand	eine Flasche Mineralwasser
en liter mælk	ein Liter Milch
et hundrede gram spegepølse	100 Gramm Salami
et kilo æbler	ein Kilo Äpfel
en æske / pakke småkager	eine Schachtel / Packung Kekse
en dåse sadiner	eine Dose Sardinen
en kasse øl	ein Kasten Bier
med pant	mit Pfand

Die dänische Währung

Die dänische Krone ist die offizielle Währung Dänemarks. Seitdem die kleinen Münzen (5, 10 und 25 Öre) aus dem Verkehr gezogen wurden, ist es üblich, die Endbeträge beim Einkauf auf die nächste Münzeinheit (50 Öre) auf- bzw. abzurunden. Im Grenzgebiet und in Touristenregionen wird im Regelfall auch der Euro akzeptiert.

4 Forretninger og varer

Geschäfte und Waren

Indkøb

På grønttorvet	Auf dem Markt
appelsin, -en, -er	Orange
æble, -t, -r	Apfel
pære, -n, -r	Birne
kirsebær, -ret, -	Kirsche
jordbær, -ret, -	Erdbeere
fersken, -en, -er	Pfirsich
vindrue, -n, -r	Weintraube
ananas, -sen, -ser	Ananas
citron, -en, -er	Zitrone
blomme, -n, -r	Pflaume
kartoffel, -en, kartofler	Kartoffel
tomat, -en, -er	Tomate
agurk, -en, -er	Gurke
peberfrugt, -en, -er	Paprika
hovedsalat, -en, -er	Kopfsalat
gulerod, -en, -rødder	Karotte
løg, -et, -	Zwiebel
hvidløg, -et, -	Knoblauch

I bageriet	In der Bäckerei
brød, -et, -	Brot
rundstykke, -t, -r	Brötchen
kage, -n, -r	Kuchen
wienerbrød, -et, -	Dänisches Plundergebäck
lagkage, -n, -r	Torte

I slagteriet | In der Metzgerei

kød, -et	Fleisch
svinekød, -et	Schweinefleisch
oksekød, -et	Rindfleisch
kalvekød, -et	Kalbfleisch
lammekød, -et	Lammfleisch
kylling, -en, -er	Hühnchen
høne, -n, høns	(Suppen)Huhn
hakket kød	Hackfleisch
flæsk, -et	Speck
skinke, -n, -r	Schinken
pålæg, -get, -	Aufschnitt
pølse, -n, -r	Wurst, Würstchen

I fiskeforretningen | Im Fischladen

laks, -en, -	Lachs
ørred, -en, -er	Forelle
sild, -en, -	Hering
torsk, -en, -	Dorsch
rødspætte, -n, -r	Scholle
sandart, -en, -er	Zander
reje, -n, -r	Garnele, Krabbe
musling, -en, -er	Muschel
karpe, -n, -r	Karpfen
tun(fisk), -en, -	Thunfisch
alt godt fra havet	Meeresfrüchte

Hering

Sild (Hering) gehört zu den typischen dänischen Spezialitäten. Ob geräuchert oder eingelegt fehlt er nur selten auf dänischen Buffets.

marineret sild	marinierter Hering
kryddersild	Kräuterhering
karrysild	Curryhering
stegt sild	gebratener Hering
røget sild	geräucherter Hering

I blomsterforretningen	**Im Blumenladen**
blomst, -en, -er	Blume
en buket blomster	ein Strauß Rosen
plante, -n, -r	Pflanze
gødning, -en	Dünger

I vinhandlen	**In der Weinhandlung**
rødvin, -en, -e	Rotwein
hvidvin, -en, -e	Weißwein
rosé, -en, -er	Rosé

Drikkevarer	**Getränke**
øl, -len, - / -ler	Bier
alkoholholdige drikkevarer	alkoholische Getränke
alkoholfri, -t, -e	alkoholfrei
sodavand, -en, - / -er	Limonade
appelsinjuice, -n, -r	Orangensaft
danskvand, -en, - / -er	Mineralwasser
med kulsyre	mit Kohlensäure
uden kulsyre	ohne Kohlesäure
sherry, -en, -er	Sherry
tysk champagne	Sekt

Kleines Einmaleins des Bieres

pilsener	Pils
Weniger Alkohol:	
let øl	Leichtbier
lys øl	helles Bier
Mehr Alkohol:	
guldøl	Goldbier
luksusøl	Luxusbier
Dunkel und malzig:	
lagerøl	Lagerbier
hvedeøl	Weizenbier

Starke mit Maibock vergleichbare saisonale Angebote:

julebryg	Weihnachtsbier
påskebryg	Osterbier
Skål!	Prost!

På apoteket	**In der Apotheke**
medicin, -en, -er	Medizin
tablet, -ten, -ter	Tablette
hostesaft, -en, -er	Hustensaft
plaster, -et, plastre	Pflaster
forbinding, -en, -er	Verband
salve, -n, -r	Salbe
urtete, -en, -er	Kräutertee

I supermarkedet	**Im Supermarkt**
jogurt, -en, -er	Joghurt
mælk, -en	Milch
fløde, -n	Sahne
æg, -get, -	Eier
smør, -ret	Butter
ost, -en, -e	Käse
marmelade, -n, -r	Marmelade
honning, -en, -er	Honig
mysli, -en, -er	Müsli
mel, -et	Mehl
sukker, -et, -e	Zucker
lommetørklæde, -t, -r	Taschentuch
toiletpapir, -et, -er	Toilettenpapier
rengøringsmidler	Reinigungsmittel
ble, -n, -r	Windel
tandpasta, -en, -er	Zahnpasta
tandbørste, -n, -r	Zahnbürste
sæbe, -n, -r	Seife
shower gel, -en, -er	Duschgel
lighter, -en, -e	Feuerzeug

4 Test

1 **Wie viele Zahlen finden Sie? Notieren Sie. (NB: Nicht alle Buchstaben werden gebraucht.)**

drkenuvæfiregotteyøsyviesekstenyretyvepo-
niogtredivegahalvfjerdskufyrreåfemhundrede

____

____

____

____

____

____

____

____

____

____

2 **Welche Zahl fehlt? Ergänzen Sie.**

a. to – fire – seks – otte – ti – ______________

b. elleve – tretten – femten – sytten – ______________

c. tre – syv – seks – ti – ni – tretten – tolv – ______________

d. ti – tyve – fyrre – ______________

e. toogtyve – treogtredive – fireogfyrre – ______________

3 Was kaufen Sie wo? Bilden Sie Wörter und ordnen sie zu.

brød	bær	de	de
der	flø	ge	gu
ka	ker	ker	kir
kyl	kød	la	le
ling	læg	mar	me
ner	ok	pæ	på
rer	rød	rund	se
se	styk	suk	wie

a. På grønttorvet: ______________________________

b. I bageriet: ______________________________

c. I slagteriet: ______________________________

d. I supermarkedet: ______________________________

4 Was sagen Sie auf Dänisch? Übersetzen Sie.

a. Ich hätte gern ein Kilo Kartoffeln. ______________________________

____

b. Noch etwas? ______________________________

c. Was kosten die Erdbeeren? ______________________________

d. Nein, danke. Das ist alles. ______________________________

e. Was macht das? ______________________________

Schule und Beruf

Skole
Schule

skole, -n, -r	Schule
folkeskole, -n, -r	Volksschule
efterskole, -n, -r	Internatsschule für den 10. Jahrgang
gymnasium, -siet, -sier	Gymnasium
højskole, -n, -r	Heimvolkshochschule

Schule und Ausbildung in Dänemark

Der Schulbesuch beginnt in Dänemark mit einer neunjährigen Volksschule (*folkeskole*), in der die Schüler nicht getrennt werden. Die Volksschule ist also eine neunjährige Gemeinschaftsschule, die mit einer Abschlussprüfung endet.
Anschließend gibt es die Möglichkeit das 10. Schuljahr auf einer Volksschule (*folkeskole*) oder auf einer Internatsschule (*efterskole*) zu besuchen und eine erweiterte Abschlussprüfung zu absolvieren.
Weiterführende Schulen sind das Gymnasium, das Handelsgymnasium und das technische Gymnasium. Diese Schulen können für drei Jahre besucht werden und mit dem Abitur (*studentereksamen*), dem Handelsexamen bzw. dem technischen Abitur abgeschlossen werden.
Nach der 9. Klasse kann alternativ auch eine Lehre absolviert werden. In diesem Fall werden Berufsschulen, die Theorie und Praxis kombinieren, besucht.

Heimvolkshochschulen (*højskoler*)

Heimvolkshochschulen sind freie Internatsschulen für Erwachsene, an denen es keine Prüfungen oder Lehrpläne gibt. Das Angebot der rund 80 *højskoler* reicht von sozial- und gesellschaftspolitschen Fächern bis hin zu Sport, Theater und Sprachen. Die Dauer der Kurse variiert von einwöchigen Sommerkursen bis zu langen, zwölfmonatigen Kursen. Das Konzept der dänischen Heimvolkshochschulen basiert auf den Gedanken des Theologen Nikolai Frederik Severin Grundtvig (1783 – 1872). Im Vordergrund stehen die persönliche Entwicklung, die Teilnahme an Gruppenaktivitäten und ein starkes Mitbestimmungsrecht der Teilnehmer.

elev, -en, -er	Schüler – Schülerin
lærer, -en, -e	Lehrer – Lehrerin
undervise, -te, -t	unterrichten
lære, -te, -t	lernen
universitet, -et, -er	Universität
studerende	Student, Studentin
lave hjemmeopgaver, -ede, -et	Hausaufgaben machen
gå op til eksamen, gik, gået	eine Prüfung ablegen
bestå en eksamen, -stod, -stået	eine Prüfung bestehen
dumpe en eksamen, -ede, -et	in einer Prüfung durchfallen
eksamensbevis, -et, -er	Prüfungszeugnis, Diplom
studentereksamen, -en, -er	Abitur
student, -en, -er	Abiturient – Abiturientin
karakterbog, -en, -bøger	Zeugnis
få gode karakterer	gute Noten bekommen

Notensystem

Das dänische Notensystem besteht aus einer 7-stufigen Skala mit Zensurpunkten zwischen -3 und 12:

Dänische Zensur	Definition	entsprechende deutsche Zensur
12	herausragende Leistung	1+ (15 Punkte)
10	ausgezeichnete Leistung	1 – 2 (11-14 Punkte)
7	gute Leistung	2 – 3+ (9-11 Punkte)
4	mäßige Leistung	3 – 3- (7-8 Punkte)
2	ausreichende Leistung	4+ – 4 (5-6 Punkte)
0	unzureichende Leistung	4- – 5- (1-4 Punkte)
-3	völlig unakzeptable Leistung	6 (0 Punkte)

Erhverv

Beruf

erhverv, -et, -	Beruf
arbejde, -t, -r	Arbeit
arbejde, -ede, -et	arbeiten
stillingsannonce, -n, -r	Stellenanzeige
ansøgning, -en, -er	Bewerbung
ansøgningsbilag, -et, -	Bewerbungsunterlagen
curriculum vitae, -et, - / CV	Lebenslauf
jobsamtale, -n, -r	Vorstellungsgespräch
arbejde fuldtid, -ede, -et	Vollzeit arbeiten
deltid	Teilzeit
fleksibel arbejdstid, -en, -er	flexible Arbeitszeit
arbejdskontrakt, -en, -er	Arbeitsvertrag
løn, -nen	Gehalt
salgsassistent, -en, -er	Verkäufer – Verkäuferin
forretning, -en, -er	Geschäft
varehus, -et, -e	Kaufhaus
sælge, solgte, solgt	verkaufen

rådgive kunder, -gav, -givet	Kunden beraten
ansat, -ten, -te	Angestellter – Angestellte
kontor, -et, -er	Büro
læge, -n, -r	Arzt – Ärztin
tandlæge, -n, -r	Zahnarzt – Zahnärztin
sygehus, -et, -e	Krankenhaus
sygeplejerske, -n, -r	Krankenpfleger – Krankenschwester
arkitekt, -en, -er	Architekt – Architektin
bygge huse, -ede, -et	Häuser bauen
ingeniør, -en, -er	Ingenieur – Ingenieurin
industrivirksomhed, -en, -er	Industriebetrieb
advokat, -en, -er	Anwalt – Anwältin
domstol, -en, -e	Gericht
servitrice, -n, -r	Kellnerin
tjener, -en, -e	Kellner
servicemedarbejder, -en, -e	Servicemitarbeiter – Servicemitarbeiterin
servere spise- og drikkevarer, -ede, -et	Speisen und Getränke servieren
journalist, -en, -er	Journalist – Journalistin
skrive artikler, skrev, skrevet	Artikel schreiben
hjemmegående	Hausfrau – Hausmann
tage sig af familien, tog, taget	sich um die Familie kümmern
gartner, -en, -e	Gärtner – Gärtnerin
arbejde i haven, -ede, -et	im Garten arbeiten
købmand, -en, -mænd	Kaufmann – Kauffrau
rejsebureau, -et, -er	Reisebüro
bilmekaniker, -en, -e	Automechaniker – Automechanikerin
bilværksted, -et, -er	Autoreparaturwerkstatt
bager, -en, -e	Bäcker – Bäckerin
bage brød, -te, -t	Brot backen
slagter, -en, -e	Metzger – Metzgerin

slagteri, -et, -er	Metzgerei
frisør, -en, -er	Friseur – Friseurin
frisørsalon, -en, -er	Friseursalon
skomager, -en, -e	Schuster
reparere sko, -ede, -et	Schuhe reparieren
bogholder, -en, -e	Buchhalter – Buchhalterin
skuespiller, -en, -e	Schauspieler – Schauspielerin

Berufsbezeichnungen

Aufgrund staatlicher Vorgaben sind im Dänischen fast alle Berufsbezeichnungen geschlechtsneutral. Frühere geschlechtsspezifische Bezeichnungen dürfen in Stellenanzeigen nicht mehr verwendet werden. So ist z. B. statt der Bezeichnung *servitrice* (Kellnerin) die geschlechtsneutrale Variante *servicemedarbejder* (Servicemitarbeiter/-in) zu benutzen. Von dieser generellen Regel gibt es Ausnahmen, wenn es sich bei den Berufsbezeichnungen um genau definierte und tarifvertraglich erfasste Berufsfelder handelt, so ist z. B. *sygeplejerske* (Krankenschwester) eine Bezeichnung sowohl für Frauen als auch für Männer.

1 Wer macht was? Ordnen Sie zu.

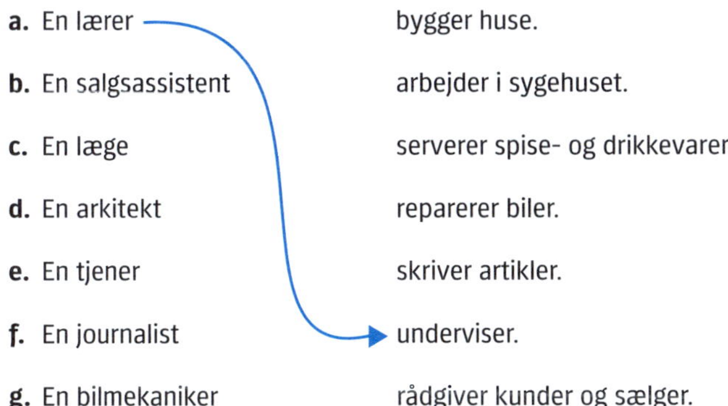

2 Welches Wort passt nicht zu den übrigen? Markieren Sie.

a. skole studentereksamen gymnasium karakterer ansøgning

b. CV domstol stillingsannonce ansøgningsbilæg jobsamtale

c. forretning sygeplejerske bogholder gartner skuespiller

d. deltid arbejdstid arbejdskontrakt løn dumpe

3 **Lösen Sie das Kreuzworträtsel und notieren Sie das Lösungswort.**

a. Macht die Buchführung.

b. Für einen guten Schnitt.

c. Hält uns auf dem Laufenden.

d. 'Krankenhaus' für den Fuhrpark.

e. Arbeitsplatz.

f. Um Gerechtigkeit bemüht.

g. Nicht immer gern besucht.

h. Schulpflichtige/r.

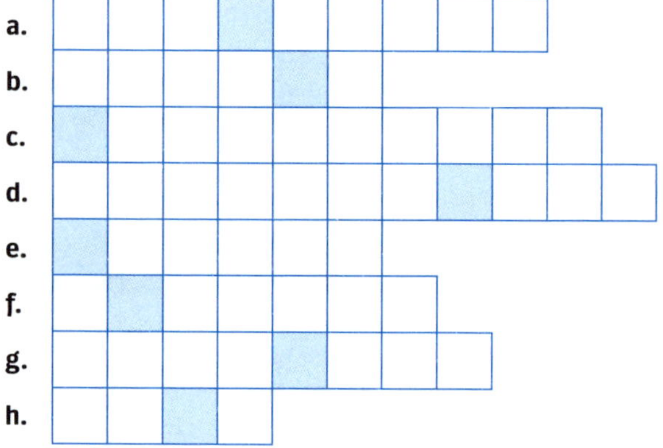

Lösungswort: ______________________________

Kommunikation

Medier

Medien

avis, -en, -er	Zeitung
tidsskrift, -en, -er	Zeitschrift
abonnere på en avis, -ede, -et	eine Zeitung abonnieren
bog, -en, bøger	Buch
roman, -en, -er	Roman
brev, -et, -e	Brief
anbefalet	per Einschreiben
luftpost, -en	Luftpost
postkort, -et, -	Postkarte
pakke, -n, -r	Paket

Briefanrede und Briefabschluss

In privaten Briefen und E-Mails wird im Dänischen häufig die Anrede *Kære* (Liebe / Lieber) verwendet. Der übliche Abschiedsgruß lautet: *Kærlig hilsen* (Lieben Gruß).
In dänischen Geschäftsbriefen und -E-Mails benutzt man keine Anrede, wenn der Ansprechpartner nicht bekannt ist. Es gibt somit keine Entsprechung zu dem im Deutschen üblichen „Sehr geehrte Damen und Herren“. Ist der Ansprechpartner bekannt, kann man auch in Geschäftsbriefen die Anrede *Kære* (Liebe / Lieber) + Vor- und Nachnamen benutzen. Der übliche Briefabschluss lautet: *Med venlig hilsen* (Mit freundlichem Gruß).

radio, -en, -er	Radio
fjernsyn, -et, -	Fernsehen
nyheder	Nachrichten
telefon, -en, -er	Telefon
opkald, -et, -	Anruf
snakke i telefon, -ede, -et	telefonieren
dreje (trykke) et telefonnummer	eine Telefonnummer wählen

telefonsvar, -et, -er	Anrufbeantworter
mobiltelefon, -en, -er	Handy
SMS, -en, -er	SMS
fax, -en, -er	Fax
e-mail, -en, -s	E-Mail
Hvad er din e-mailadresse?	Wie ist deine E-Mail-Adresse?
tilgang til nettet	Zugang ins Internet
surfe på nettet, -ede, -et	im Internet surfen
password, -et, -s	Passwort
hjemmeside, -n, -r	Website
link, -et, -s	Link
chat, -ten, -ter	Chat
chatte, -ede, -et	chatten
søgemaskine, -n, -r	Suchmaschine

E-mail tegn
E-Mail-Zeichen

snabel-a, -et, -er	@-Zeichen, Klammeraffe
punktum, -et, -er	Punkt
skråstreg, -en, -er	Schrägstrich, Slash
den omvendte skråstreg	negativer Schrägstrich, Backslash
understreg, -en, -er	Unterstrich
minus, -set, -ser	minus

Computer
Computer

computer, -en, -e	Computer
bærbar computer	Laptop
tænde, -te, -t	hochfahren
slukke, -ede, -et	abschalten
bruger, -en, -e	Nutzer
ejer, -en, -e	Betreiber

tastatur, -en, -er	Tastatur
skærm, -en, -e	Bildschirm
CD-ROM, -en, -er	CD-ROM
DVD, -en, -er	DVD
hukommelseskort, -et, -	Speicherkarte
harddisk, -en, -e	Festplatte
sikkerhedskopi, -en, -er	Sicherungskopie
mus, -en, -e	Maus
klikke på noget, -ede, -et	etw. anklicken
data	Daten
downloade, -ede, -et	herunterladen
indlæse, -te, -t	eingeben
gemme, -te, -t	abspeichern
overføre, -te, -t	übertragen
slette, -ede, -et	löschen
fil, -en, -er	Datei
arbejdshukommelse, -n, -r	Arbeitsspeicher
hukommelseskapacitet, -en, -er	Speicherkapazität
printer, -en, -e	Drucker
printe, -ede, -et	drucken
virus, -sen, -ser	Virus
virusbeskyttelse, -n, -r	Virenschutz
styresystem, -et, -er	Betriebssystem

Vendinger

Redewendungen

Er din mor hjemme?	Ist deine Mutter da?
Hvem ringer?	Wer ist am Apparat?
Må jeg godt tale med direktøren?	Darf / Kann ich bitte mit dem Geschäftsführer sprechen?
Lige et øjeblik!	Einen Augenblick bitte.
Jeg stiller Dem om.	Ich verbinde Sie.
Vil De godt blive ved telefonen?	Bitte bleiben Sie am Apparat.

Han svarer ikke.	Er antwortet nicht.
Der er optaget.	Es ist besetzt.
Er De hans sekretær?	Sind Sie sein Sekretär / seine Sekretärin?
Han er ikke på kontoret.	Er ist nicht im Büro.

Hun er til møde.	Sie ist in einer Sitzung.
Vil De godt bede ham om at ringe til mig?	Könnten / Würden Sie ihn bitten, mich anzurufen?
Kan jeg lægge en besked?	Kann ich eine Nachricht hinterlassen?
Vil De lægge en besked?	Möchten Sie eine Nachricht hinterlassen?
Hvornår er han tilbage?	Wann wird er zurück sein?
Jeg ringer igen om en time.	Ich rufe in einer Stunde noch einmal an.
Jeg kan ikke forstå Dem.	Ich kann Sie nicht verstehen.
Undskyld, jeg har drejet forkert nummer.	Entschuldigung, ich habe mich verwählt.
Jeg mener, at ...	Ich meine, dass ...
Jeg tror ikke, at ...	Ich glaube nicht, dass ...
Efter min mening ...	Meiner Meinung nach ...
Hvad synes du?	Was meinst du?
Det er i orden.	Das ist OK.
Er du indforstået?	Bist du einverstanden?

Jeg er indforstået.	Ich bin einverstanden.
Jeg er enig med dig.	Ich stimme nicht mit dir überein.
Er du i tvivl?	Bist du im Zweifel?
afvise et forslag, -te, -t	einen Vorschlag ablehnen
acceptere, -ede, -et	akzeptieren
tænke over noget, -te, -t	über etwas nachdenken
kort, -, -e	kurz ...
Hører du overhovedet efter, hvad jeg siger?	Hörst du mir überhaupt zu?
Jeg forstod det ikke.	Ich habe das nicht verstanden.
Vil De godt gentage det?	Könnten Sie das bitte wiederholen?
Jeg har et problem.	Ich habe ein Problem.
Har De en idé?	Haben Sie eine Idee?
Hvad vil du sige med det?	Was willst du damit sagen?
Det betyder, at ...	Das bedeutet, dass ...
Vil De godt tale lidt højere?	Sprechen Sie bitte etwas lauter!
sagtere	leiser
tydeligere	deutlicher
langsommere	langsamer

Umgangsformen am Arbeitsplatz

Slap af (entspann dich) ist das Schlüsselwort der dänischen Umgangsformen am Arbeitsplatz. Die dänische Unternehmenskultur ist vielfach durch flache Hierarchien gekennzeichnet. Einen hohen Stellenwert hat die Teamorientierung. So wird z.B. auch in Vorstellungsgesprächen großen Wert auf soziale Kompetenz gelegt. Darüber hinaus spielt Understatement eine wichtige Rolle. Mit bescheidenen und zurückhaltenden Umgangsformen erreicht man häufig mehr als mit einer übertriebenen Selbstdarstellung.

6 Test

1 **Was passt zusammen? Notieren Sie.**

sletter	skriver	gemmer	sender	snakker
tænder	surfer			

i telefon	på nettet	en e-mail	et brev	en fil
computeren				

____

Jeg skriver et brev.

____

Jeg sender et brev.

____

____

____

2 **Wie heißen diese Wörter richtig? Notieren Sie.**

a. dsskrtitfi *t*

b. deenyrh *n*

c. libomleetonf *m*

d. æmrks *s*

e. ynjfensr *f*

f. yrtsemetsys *s*

3 **Wie lautet die richtige Reihenfolge? Nummerieren Sie.**

_____ Cirka om en time. Vil du lægge en besked?

_____ Farvel.

_____ Hun er ikke på kontoret.

__1__ Carlsberg goddag!

_____ Hvornår er hun tilbage?

_____ Nej, tak. Jeg ringer igen om en time. Farvel.

_____ Goddag, mit navn er Jens Hansen. Må jeg godt tale med Anne Larsen?

Freizeit

Ferie
Ferien / Urlaub

ferie, -n, -r	Ferien / Urlaub
sommerferie, -n, -r	Sommerurlaub
højsæson, -en, -er	Hauptsaison
lavsæson, -en, -er	Nebensaison
helligdag, -en, -e	Feiertag

Fritidsaktiviteter
Freizeitaktivitäten

læse, -te, -t	lesen
Jeg kan godt lide at læse.	Ich lese gern.
roman, -en, -er	Roman
krimi, -en, -er	Krimi
eventyr, -et, -	Märchen

H.C. Andersen

Obwohl H.C. Andersen (1805-1875) weltweit für seine Märchen berühmt ist, schrieb er in erster Linie für Erwachsene. Die Märchenform bildet lediglich den Rahmen für die mit Humor und Ironie durchsetzte Kritik an den bügerlichen Normen. Neben Märchen veröffentlichte er Gedichte und zahlreiche Reisebeschreibungen. In Kopenhagen erinnert *Den Lille Havfrue* (die kleine Meerjungfrau), die wohl kleinste aber auch meistfotografierte Sehenswürdigkeit Kopenhagens, an den Schriftsteller.

høre musik, -te, -t	Musik hören
Jeg kan bedre lide at høre musik.	Ich höre lieber Musik.
se fjernsyn, så, set	fernsehen
computerspil, -let, -	Computerspiel
krydsogtværs, -en, -er	Kreuzworträtsel

cykle, -ede, -et	Rad fahren
løbe på rulleskøjter, løb, løbet	Rollschuh laufen
løbe på skøjter, løb, løbet	Schlittschuh laufen
spille fodbold, -ede, -et	Fußball spielen
fodboldstadion, -et, -er	Fußballstadion
håndbold, -en	Handball
volleyball, -en	Volleyball
atletik, -ken	Leichtathletik
tennis, -sen	Tennis
bordtennis, -sen	Tischtennis
løbe, løb, løbet	joggen
gå en tur, gik, gået	spazieren gehen
vandre, -ede, -et	wandern
tage på udflugt, tog, taget	einen Ausflug machen
sejle, -ede, -et	segeln
ro, -ede, -et	rudern
lave håndarbejde, -ede, -et	handarbeiten
sy, -ede, -et	nähen
male, -ede, -et	malen
billede, -t, -r	Bild
drageflyvning, -en, -er	Gleitschirmfliegen
gå til fitness, gik, gået	zum Fitness gehen
gymnastik, -ken	Gymnastik
aerobic	Aerobic
gå ud med venner, gik, gået	mit Freunden ausgehen

værtshus, -et, -e	Kneipe
danse, -ede, -et	tanzen
diskotek, -et, -er	Diskothek
gå i teatret, gik, gået	ins Theater gehen
biograf, -en, -er	Kino
koncert, -en, -er	Konzert
opera, -en, -er	Oper
museum, museet, museer	Museum
udstilling, -en, -er	Ausstellung
svømme, -ede, -et	schwimmen
sø, -en, -er	See
hav, -et, -e	Meer
strand, -en, -e	Strand
samle muslinger, -ede, -et	Muscheln sammeln
samle rav, -ede, -et	Bernstein sammeln
tage solbad, tog, taget	ein Sonnenbad nehmen
slappe af, -ede, -et	sich entspannen
rejse, -te, -t	reisen
tage på rejse, tog, taget	eine Reise machen
krydstogt, -en, -er	Kreuzfahrt

Fester

Feste

fødselsdag, -en, -e	Geburtstag
Hjertelig til lykke!	Herzlichen Glückwunsch!
Hjertelig til lykke med fødselsdagen!	Herzlichen Glückwunsch zum Geburtstag!
bryllup, -pet, -per	Hochzeit
bryllupsdag, -en, -e	Hochzeitstag
konfirmation, -en, -er	Konfirmation
jubilæum, -læet, -læer	Jubiläum
jul, -en, -e	Weihnachten
Glædelig jul!	Frohe Weihnachten!

gave, -n, -r	Geschenk
give, gav, givet	schenken
synge, sang, sunget	singen
sang, -en, -e	Lied
nytårsaften, -en, -er	Silvester
Godt nytår!	Ein gutes neues Jahr!
påske, -n, -r	Ostern
sankthansaften, -en, -er	Mittsommernacht
grille, -ede, -et	grillen
invitere venner, -ede, -et	Freunde einladen
gæst, -en, -er	Gast
gæstgiver, -en, -e	Gastgeber – Gastgeberin

Feste und Lieder

In vielen Familien beginnt der *fødselsdag* (Geburtstag) bereits am Morgen. Zu einem typischen dänischen Geburtstagsfrühstückstisch gehören Kerzen, dänische Flaggen und Geschenke. Auf Feiern bei runden Geburtstagen wird das Essen von vielen Reden und selbst geschriebenen Liedern für das Geburtstagskind unterbrochen.
Lieder gehören auch bei anderen Festen zur dänischen Tradition. So wird zu Weihnachten gemeinsam gesungen, während man um den Weihnachtsbaum tanzt. Und zu Sankthans wird das Mittsommerlied am Feuer gesungen.

Dannebrog – die dänische Flagge

Der dänische König Valdemar der Zweite gewann im Jahre 1219 die Schlacht bei Tallinn, als die dänische Flagge (*flag* – Dannebrog) der Sage nach als Zeichen für Gottes Hilfe vom Himmel fiel.
Doch die dänische Flagge wird nicht nur am Valdemarsdag (15. Juni) gehisst, denn die rot-weiße Flagge ist in Dänemark sehr populär. Unverzichtbar ist sie sowohl im Sport als auch bei persönlichen Festtagen, wie Geburtstagen, bei Stadtfesten und Jubiläen oder an Festtagen wie Weihnachten. Die Flagge ziert dann Geburtstagstorten, den Weihnachtsbaum und / oder dient der Tisch- und Raumdekoration.

Gode ønsker
Gute Wünsche

God fornøjelse!	Viel Spaß!
God rejse!	Gute Reise!
God tur!	Gute Fahrt!
Held og lykke!	Viel Glück!
Kom godt hjem!	Komm gut nach Hause!
Hav det godt!	Mach's gut!

Höflichkeitsrituale

Wenn man in Dänemark zum Essen eingeladen wird, bedankt man sich zunächst wie im Deutschen für die Einladung (*Tak for invitationen!*). Bei der Begrüßung drückt man üblicherweise seine Freude darüber aus, den anderen zu sehen (*Det er vel nok dejligt at se dig*). Den Beginn der Mahlzeit leitet der Gastgeber mit *Værsgo!* ein. Am Ende der Mahlzeit bedanken sich die Gäste mit *Tak for mad!* Es gilt als ausgesprochen unhöflich, dies zu unterlassen. Der Gastgeber antwortet mit: *Velbekomme!* Beim Abschied bedanken sich die Gäste für das Essen und den gemütlichen Abend (*Tak for i aften! Det har været meget hyggeligt.*). Am nächsten Tag sollte man sich nochmals mündlich oder schriftlich für den vorhergehenden Abend bedanken (*Tak for i aftes!*). Die nächste (zufällige) Begegnung wird mit *Tak for sidst!* eingeleitet.
Auf alle Wendungen mit *Tak for ...* (Danke für ...) kann man mit *Selv tak!* (Nichts zu danken) antworten.

Tak for invitationen!	Danke für die Einladung!
Det er vel nok dejligt at se dig.	Es ist sehr schön, dich zu sehen.
Værsgo!	Bitte!
Tak for mad!	Danke für das Essen!
Velbekomme!	Wohl bekomms!
Tak for i aften!	Danke für den heutigen Abend!
Det har været meget hyggeligt.	Es war sehr gemütlich.
Tak for i aftes!	Danke für den gestrigen Abend!
Tak for sidst!	Danke für das letzte Mal.
Selv tak!	Nichts zu danken! / Gern geschehen.

1 Sortieren Sie die Freizeitaktivitäten.

sy	læse	danse
cykle	tage solbad	spille computerspil
samle rav	se fjernsyn	løbe
spille fodbold	male	sejle
gå en tur	høre musik	

Drinnen	Draußen
______	______
______	______
______	______
______	______
______	______
______	______
______	______

2 Ergänzen Sie die fehlenden Buchstaben.

a. r __ ll __ sk __ __ t __ r

b. h __ nd __ rb __ __ d __

c. kr __ ds __ gtv __ rs

d. b __ __ gr __ f

e. G __ d f __ rn ls __ !

f. j __ b __ l __ __ m

3 **Wie heißen die Feste? Notieren Sie.**

a. ____________________

b. ____________________

c. ____________________

d. ____________________

Im Restaurant

Vendinger

Redewendungen

Jeg vil gerne bestille et bord.	Ich möchte einen Tisch bestellen.
reservere, -ede, -et	reservieren
til to personer	für zwei Personen
til klokken otte om aftenen	für zwanzig Uhr
Må vi bede om spisekortet?	Bringen Sie uns bitte die Speisekarte.
Jeg vil gerne have en øl.	Bringen Sie mir bitte ein Bier.

Må jeg bede om lidt mere brød?	Noch etwas Brot, bitte.
Jeg vil gerne have en øl til.	Noch ein Bier, bitte.
Må jeg bede om regningen?	Die Rechnung, bitte.

Måltider

Mahlzeiten

morgenmad, -en	Frühstück
spise morgenmad, -te, -t	frühstücken
frokost, -en, -er	mittägliche Mahlzeit
middag, -en	warme Mahlzeit

spise til middag, -te, -t	zu Mittag / zu Abend essen
aftensmad, -en	Abendessen
spise aftensmad, -te, -t	zu Abend essen
mellemmåltid, -en, -er	Zwischenmahlzeit
spise mellemmåltid, -te, -t	eine Zwischenmahlzeit einnehmen
eftermiddagskaffe, -n	Nachmittagskaffee
aftenkaffe, -n	Abendkaffee

Dänische Snacks

Hotdogs sind in Dänemark an jeder Ecke und zu jeder beliebigen Tages- und Nachtzeit zu erhalten. Ganz nach Geschmack gibt es *en rød hotdog* (mit roten Würstchen) oder *en ristet hotdog* (mit gerösteten Würstchen). Ein klassisches Hotdog isst man *med det hele* (mit allem): mit Senf, Ketchup, Remoulade, rohen und gerösteten Zwiebeln sowie mit eingelegtem Gurkensalat.

hotdog	Hotdog
ristet pølse	geröstete Wurst
rød wiener pølse	rote Wienerwurst
medister	Bratwurst
pølsevogn	Würstchenbude (-wagen)
skinkesandwich	Schinkensandwich
burger	Burger
toast med skinke og ost	Toast mit Schinken und Käse

Retter

Gerichte

dagens ret	Tagesmenü
3-retters menu, -en, -er	drei Gänge
forret, -ten, -ter	Vorspeise
hovedret, -ten, -ter	Hauptgericht
dessert, -en, -er	Nachspeise
blandet salat	gemischter Salat
tomatsalat, -en, -er	Tomatensalat
suppe, -n, -r	Suppe

Suppen er for salt.	Die Suppe ist versalzen.
bouillon, -en	Fleischbrühe
kød, -et	Fleisch
flæskesteg, -en, -e	Schweinebraten
kotelet, -ten, -ter	Kotelett
wienersnitsel, -en, -snitsler	Wiener Schnitzel
kalkunsnitsel, -en, -snitsler	Putenschnitzel
kylling, -en, -er	Brathähnchen
(kogte) kartofler	Salzkartoffeln
pommes frites	Pommes Frites
brasekartofler / stegte kartofler	Bratkartoffeln
ris, -en	Reis
pasta, -en	Nudeln
tomatsovs, -en, -er	Tomatensoße
brun sovs, -en, -er	Bratensoße (braune Soße)
fisk, -en, -	Fisch
stegt fisk	gebratener Fisch
spejlæg, -get, -	Spiegelei
røræg, -get, -	Rührei
is, -en, -	Speiseeis
chokoladeis, -en, -	Schokoladeneis
rød grød med fløde	rote Grütze mit Sahne
frugtsalat, -en, -er	Obstsalat

Smørrebrød (belegtes Brot)

Dänemarks Beitrag zur internationalen Küche ist das *smørrebrød*. Dabei handelt es sich nicht um eine lieblos geschmierte 'Stulle', sondern um ein reichlich belegtes und kunstvoll verziertes Schwarz- oder Weißbrot, das in Restaurants oder Fachgeschäften zu bekommen ist. Die Dänen essen *smørrebrød* meist zur Mittagszeit, als Snacks zum Mitnehmen oder im Restaurant. Dort wählt man aus umfangreichen Speisekarten zwei bis drei Stücke aus.

Smørrebrød-Klassiker:
Dyrlægens natmad (Tierarzts Abendbrot): Schwarzbrot, Leberpastete, Salzfleisch, Zwiebelringe und Fleischgelee
Stjerneskud (Sternschnuppe): Weizenbrot, Salat, Tomatenscheiben, gebratener und gedämpfter Fisch, Krabben, Mayonnaise und Kaviar
Sol over Gudhjem (Sonne über Gudhjem): Schwarzbrot, geräucherter Hering, rohes Eigelb, Schnittlauch und Zwiebeln

Drikkevarer

Getränke

aperitif, -fen, -fer	Aperitif
danskvand, -en, -er	Mineralwasser
med kulsyr	mit Kohlensäure
uden kulsyr	ohne Kohlensäure
cola, -en, -er	Coca-Cola
æblejuice, -n, -r	Apfelsaft
appelsinjuice, -n, -r	Orangensaft
sodavand, -en, -er	Limonade
øl, -len, -ler	Bier
hvedeøl, -len, -ler	Weißbier / Weizenbier
rødvin, -en, -e	Rotwein
hvidvin, -en, -e	Weißwein
tysk champagne, -n, -r	Sekt
snaps, -en, -e	Schnaps
cognac, -en, -er	Kognak
espresso, -en, -er	Espresso
kaffe, -n	Kaffee
med mælk	mit Milch
uden sukker	ohne Zucker

Dækket bord
Gedeckter Tisch

tallerken, -en, -er	Teller
glas, -set, -	Glas
kop, -pen, -per	Tasse
underkop, -pen, -per	Untertasse
fad, -et, -e	Schüssel
bestik, -ket	Besteck
kniv, -en, -e	Messer
gaffel, -en, gafler	Gabel
spiseske, -en, -er	Esslöffel
teske, -en, -er	Teelöffel
serviet, -ten, -ter	Serviette
dug, -en, -e	Tischdecke
salt, -et, -e	Salz
peber, -en, pebre	Pfeffer
eddike, -n, -r	Essig
olie, -n, -r	Öl
tandstikker, -en, -e	Zahnstocher

8

Test

1 Was passt? Sortieren Sie die Begriffe.

aftensmad	dessert	eddike
forret	frokost	gaffel
hovedret	kniv	middag
morgenmad	olie	peber
salt	spiseske	teske

a. Måltider: ______________________________

b. Bestik: ______________________________

c. Menu: ______________________________

d. Dækket bord: ______________________________

2 Welche Wörter fehlen? Ergänzen Sie.

a. Jeg vil ________________ bestille et bord.

b. Må jeg bede ________________ spisekortet?

c. Jeg vil gerne have et ________________ rødvin.

d. Jeg ________________ gerne have en øl til.

e. ________________ vi bede om regningen?

3 Finden Sie 10 Gerichte und notieren Sie sie.

A	C	V	E	L	D	I	Ø	Æ	K	M	R	P	D
B	I	A	J	E	K	K	F	D	A	I	E	K	Æ
T	S	J	L	L	A	O	L	E	R	I	G	A	U
Z	R	S	A	L	A	T	Æ	T	Ø	Å	E	R	B
A	S	D	F	G	H	E	S	I	R	H	Y	T	A
R	U	K	V	Ø	K	L	K	A	N	A	P	O	D
G	H	I	J	M	H	E	E	S	S	F	I	F	E
B	U	Å	P	A	F	T	S	K	I	I	Y	L	S
E	R	T	E	P	K	L	T	Æ	U	S	Å	E	U
O	R	S	V	M	N	D	E	L	S	K	O	R	P
J	S	P	E	J	L	Æ	G	P	R	E	D	L	P
E	I	I	A	W	Z	H	V	O	L	R	E	N	E
F	I	K	Y	L	L	I	N	G	Ø	K	Y	L	D
P	A	S	T	A	V	K	E	R	A	U	Ø	G	I

9 Im Hotel

Typer af indkvartering
Arten von Unterkünften

hotel, -let, -ler	Hotel
4-stjernet hotel	Vier-Sterne-Hotel
kro, -en, -er	Gasthof
sommerhus, -et, -e	Ferienhaus
vandrehjem, -met, -me	Jugendherberge
ferielejlighed, -en, -er	Ferienwohnung
campingplads, -en, -er	Campingplatz
campingvogn, -en, -e	Wohnwagen
autocamper, -en, -e	Wohnmobil
telt, -et, -e	Zelt

Ferienhäuser

Viele eingefleischte Dänemarkfans zieht es immer wieder in ein *sommerhus* (Ferienhaus) nach Dänemark. In Dänemark gibt es circa 200.000 Ferienhäuser. Nur rund ein Fünftel der Häuser werden vermietet. Kaufen dürfen Ausländer ein Ferienhaus nur dann, wenn sie fünf Jahre steuerpflichtig in Dänemark gewohnt haben.

sommerhus, -et, -e	Ferienhaus
leje, -ede, -et	mieten
brændeovn, -en, -e	Brennofen
pejs, -en, -e	Kamin
solarium, -riet, -rier	Solarium
sauna, -en, -er	Sauna
parabol, -en, -er	Parabolantenne
overdækket terrasse	überdachte Terrasse
udsigt over havet	Blick aufs Meer

Vendinger
Redewendungen

Jeg vil gerne bestille et værelse.	Ich möchte ein Zimmer buchen.
reservere, -ede, -et	reservieren
afbestille, -te, -t	stornieren
reception, -en, -er	Rezeption
Vi er booket op.	Wir sind ausgebucht.
Har De et enkeltværelse?	Haben Sie ein Einzelzimmer?
dobbeltværelse, -t, -r	Doppelzimmer
barneseng, -en, -e	Kinderbett
værelse med bad	Zimmer mit Bad
med brus	mit Dusche
roligt værelse	ruhiges Zimmer
med udsigt over havet	mit Meerblick
centralt beliggende	zentral gelegen

Er der en sauna?	Gibt es eine Sauna?
fitnessrum, -met, -	Fitnessraum
svømmehal, -len, -ler	Schwimmbad
elevator, -en, -er	Aufzug
boks, -en, -e	Safe
internetforbindelse, -n, -r	Internet-Anschluss
satellit-TV, -et, -er	Satellitenfernsehen

parkeringsplads, -en, -er	Parkplatz
parkeringskælder, -en, -e	Tiefgarage
Må jeg godt se værelset?	Darf ich das Zimmer bitte sehen?
Hvad koster en nat?	Was kostet eine Nacht?
med morgenmad	mit Frühstück
med halvpension	mit Halbpension
med helpension	mit Vollpension
Hvor er morgenmadslokalet (henne)?	Wo ist der Frühstücksraum?
Hvornår kan vi spise morgenmad?	Wann können wir frühstücken?
Jeg ankommer efter klokken tyve.	Ich komme nach 20 Uhr an.
Vi rejser i morgen klokken seks.	Wir reisen morgen um 6 Uhr ab.

Klager

Beanstandungen

Der er ikke noget varmt vand.	Es gibt kein Warmwasser.
Klimaanlægget fungerer ikke.	Die Klimaanlage funktioniert nicht.
I lampen mangler der en glødelampe.	In der Lampe fehlt eine Glühbirne.
Vinduet kan ikke lukkes.	Das Fenster schließt nicht richtig.
Der er ikke nogen håndklæder.	Es sind keine Handtücher da.
Toilettet er ikke rent.	Die Toilette ist nicht sauber.
Håndvasken er tilstoppet.	Das Waschbecken ist verstopft.
Det er for højt.	Es ist zu laut.

1 **Bilden Sie Wörter und sortieren sie.**

belt	bind	cam	dob	dre
e	e	el	fe	for
gen	hed	hjem	hus	in
le	lej	lig	mad	mer
mor	net	ping	rel	ri
se	se	som	ter	tor
va	van	vogn	væ	

Typer af indkvartering	**På hotel**
____________________	____________________
____________________	____________________
____________________	____________________
____________________	____________________

2 **Ergänzen Sie die fehlenden Wörter.**

fungerer	håndklæder	lukkes
mangler	rent	vand

a. Der er ikke noget varmt ____________________.

b. Klimaanlægget ____________________ ikke.

c. Vinduet kan ikke ____________________.

d. Der er ikke nogen ____________________.

e. Toilettet er ikke ____________________.

f. I lampen ____________________ der en glødelampe.

9 Test

3 **Was sagen Sie auf Dänisch? Übersetzen Sie.**

a. Ich möchte ein Zimmer buchen.

___

b. Haben Sie ein Doppelzimmer?

___

c. Gibt es ein Schwimmbad?

___

d. Was kostet eine Nacht?

___

e. Wann können wir frühstücken?

___

Reise und Verkehr

Transportmidler
Verkehrsmittel

bil, -en, -er	Auto
Jeg kører i bil på arbejde.	Ich fahre mit dem Auto zur Arbeit.
cykel, cyklen, cykler	Fahrrad
Børnene cykler til skole.	Die Kinder fahren mit dem Fahrrad zur Schule.
med bussen	mit dem Bus
med u-banen	mit der U-Bahn
med metroen	mit der Metro
med sporvognen	mit der Straßenbahn
med toget	mit dem Zug
med skibet	mit dem Schiff
med færgen	mit der Fähre
med flyet	mit dem Flugzeug
på motorcykel	mit dem Motorrad
til fods	zu Fuß

Togrejser
Mit dem Zug reisen

banegård, -en, -e	Bahnhof
perron, -en, -er	Bahnsteig
spor, -et, -	Gleis
billetluge, -n, -r	Fahrkartenschalter
Hvor afgår toget?	Wo fährt der Zug ab?
Hvad tid afgår toget?	Um wie viel Uhr fährt der Zug ab?
Hvad tid ankommer toget?	Um wie viel Uhr kommt der Zug an?
Toget er forsinket.	Der Zug hat Verspätung.
enkelbillet, -ten, -ter	einfache Fahrkarte

returbillet, -ten, -ter	Rückfahrkarte
skifte, -ede, -et	umsteigen
siddeplads, -en, -er	Sitzplatz
vinduesplads, -en, -er	Fensterplatz
gangplads, -en, -er	Platz am Gang
bagageopbevaring, -en, -er	Gepäckaufbewahrung
bagagebærer, -en, -e	Gepäckträger
spisevogn, -en, -e	Speisewagen
sovevogn, -en, -e	Schlafwagen
liggevogn, -en, -e	Liegewagen

Flyrejser

Mit dem Flugzeug reisen

lufthavn, -en, -e	Flughafen
afgang, -en, -e	Abflug
ankomst, -en, -er	Ankunft
direkte flyvning, -en, -er	Direktflug
mellemlanding, -en, -er	Zwischenlandung
rutefly, -et, -	Linienflug
charter-fly, -et, -	Charterflug
booke et fly, -ede, -et	einen Flug buchen
afbestille et fly, -te, -t	einen Flug stornieren
check-in-skranke, -n, -r	Abfertigungsschalter
checke ind, -ede, -et	einchecken
håndbagage, -n	Handgepäck
sikkerhedskontrolle, -n, -r	Sicherheitskontrolle
Må jeg godt se Deres pas?	Darf ich bitte Ihren Pass sehen?
pas, -set, -	Personalausweis
boardingpas, -set, -	Bordkarte
told, -en	Zoll

Har De noget at fortolde?	Haben Sie etwas zu verzollen?

sikkerhedssele, -n, -r	Sicherheitsgurt
ildmaske, -n, -r	Sauerstoffmaske
redningsvest, -en, -er	Schwimmweste

Bilrejser
Mit dem Auto reisen

landevej, -en, -e	Landstraße
ensrettet gade	Einbahnstraße
blind vej	Sackgasse
rundkørsel, -en, -kørsler	Kreisverkehr
omfartsvej, -en, -e	Umgehungsstraße
omkørsel, -en, -kørsler	Umleitung
motortrafikvej, -en, -e	Schnellstraße
motorvej, -en, -e	Autobahn
gebyrpligtig motorvej, -en, -e	Mautautobahn
Hvad for en frakørsel skal jeg tage?	Welche Ausfahrt muss ich nehmen?
tilkørsel, -en, -kørsler	Auffahrt
Den næste restauration er i 5 km.	Die nächste Raststätte ist in 5 km.
parkeringsplads, -en, -er	Parkplatz
dreje til venstre, -ede, -et	nach links abbiegen
dreje til højre, -ede, -et	nach rechts abbiegen

køre lige ud, -te, -t	geradeaus fahren
bro, -en, -er	Brücke
lyskurv, -en, -e	Ampel
kryds, -et, -	Kreuzung
trafikskilt, -et, -e	Verkehrsschild
kørekort, -et, -	Führerschein
indregistreringspapirer	Fahrzeugpapiere
overhale, -ede, -et	überholen
køre for hurtigt, -te, -t	zu schnell fahren
trafik, -ken	Verkehr
kø, -en, -er	Stau
bøde, -n, -r	Geldbuße
Jeg er punkteret.	Ich habe einen Platten.
motorskade, -n, -r	Panne, Motorschaden

Verkehrsregeln (*færdselsregler*)

In Ortschaften beträgt die Höchstgeschwindigkeit 50 km/h, auf den Land- und Schnellstraßen 80 km/h und auf Autobahnen 110 km/h. Alle motorbetriebenen Fahrzeuge müssen zu jeder Tages- und Nachtzeit mit eingeschaltetem Licht fahren. Es ist verboten, das Handy während der Fahrt in der Hand zu halten und die Promillegrenze liegt bei 0,5.

På tankstationen

An der Tankstelle

Jeg vil gerne have fyldt op.	Volltanken, bitte.
benzin, -en	Benzin
20 liter oktan 95	20 Liter Super
olie, -n, -r	Motoröl
Vil De godt tjekke dæktrykket?	Könnten Sie bitte den Reifendruck prüfen?
skifte dæk, -ede, -et	Reifen wechseln
tjekke oliestand, -ede, -et	Ölstand kontrollieren
skifte olie, -ede, -et	Öl wechseln
Motoren giver underlige lyde.	Der Motor macht seltsame Geräusche.

bremse, -n, -r	Bremse
håndbremse, -n, -r	Handbremse
gearskifte, -n, -r	Gangschaltung
kobling, -en, -er	Kupplung
vinduesvisker, -en, -e	Scheibenwischer
Jeg har brug for en tændrør.	Ich brauche eine Zündkerze.
glødelampe for baglygten	Glühbirne für das Rücklicht
langt lys, -et, -	Fernlicht
lygte, -n, -r	Scheinwerfer
Batteriet er dødt.	Die Batterie ist leer.

Offentlig transport
Öffentlicher Nahverkehr

Busserne kører hvert tiende minut.	Die Busse verkehren alle zehn Minuten.
buschauffør, -en, -er	Busfahrer
billet, -ten, -ter	Fahrschein
24-timers billet, -ten, -ter	Tageskarte
månedskort, -et, -	Monatskarte
klippekort, -et, -	Mehrfahrtenkarte
Man kan købe billetten i bussen.	Man kann den Fahrschein im Bus kaufen.
billetautomat, -en, -er	Fahrscheinautomat
stemple billetten, -ede, -et	Fahrschein entwerten
Kører denne metro til hovedbanegården?	Fährt diese Metro zum Hauptbahnhof?
Hvad for en bus kører til stationen?	Welcher Bus fährt zum Bahnhof?
stoppested, -et, -er	Haltestelle
Hvor skal jeg skifte?	Wo muss ich umsteigen?
stå af, stod, stået	aussteigen

1 **Welches Wort passt nicht in die Reihe? Markieren Sie.**

a. bilen	sporet	toget	bussen	færgen
b. lyskurv	lygte	bremse	tændrør	dæk
c. billet	stoppested	klippekort	buschauffør	kørekort
d. motorvej	kø	perron	trafikskilt	omkørsel

2 **Wie viele Wörter finden Sie? Notieren Sie. (NB: Nicht alle Buchstaben werden gebraucht.)**

lesporvognnebilletlugeweforsinketbåliggevognukfrakørselim-
kørdækekoblingsilsklfteafhovedbanegårdenipe

____

____

____

____

____

____

____

____

____

3 **Lösen Sie das Kreuzworträtsel und notieren Sie das Lösungswort.**

a. Gibt es in Dänemark nur in Kopenhagen.
b. Nicht mit dem Auto, sondern mit ...
c. In den Ferien oft noch teurer.
d. Hoffentlich nie benötigt.
e. Gegenteil zur Abfahrt.
f. Wird bei Verkehrswidrigkeiten fällig.
g. Dänemark, das Land der ...
h. Sichert gute Aussicht auf der Reise.
i. Gesünder und preiswerter als das Auto.
j. Wird evtl. bei Fernreisen fällig.

a.
b.
c.
d.
e.
f.
g.
h.
i.
j.

Lösungswort: ______________________________

Gesundheit

Kropsdele og organer

Körperteile und Organe

hoved, -et, -er	Kopf
ansigt, -et, -er	Gesicht
øje, -t, øjne	Auge
øre, -t, -r	Ohr
næse, -n, -r	Nase
mund, -en, -e	Mund
tunge, -n, -r	Zunge
tand, -en, tænder	Zahn
arm, -en, -e	Arm
hånd, -en, hænder	Hand
finger, -en, fingre	Finger
ben, -et, -	Bein
knæ, -et, -	Knie
fod, -en, fødder	Fuß
tå, -en, tæer	Zeh
nakke, -n, -r	Nacken
ryg, -gen, -ge	Rücken
skulder, -en, -dre	Schulter
bryst, -et, -er	Brust
hjerte, -t, -r	Herz
mave, -n, -r	Magen
nyre, -n, -r	Niere
lever, -en, -e	Leber
lunge, -n, -r	Lunge

Vendinger

Redewendungen

Hvordan går det (med dig)?	Wie geht es (dir)?
Tak, det går godt.	Danke, es geht mir gut.
Og hvordan går det med dig?	Und wie geht es dir?
Og hvordan går det med Dem?	Und wie geht es Ihnen?
Jeg har influenza.	Ich habe die Grippe.
Jeg har feber.	Ich habe Fieber.
Jeg er svimmel.	Mir ist schwindlig.
Jeg har kvalme.	Mir ist übel.
Jeg føler mig meget utilpas.	Ich fühle mich sehr schlecht.
I dag har jeg det bedre.	Heute geht es mir besser.
Jeg skal til læge.	Ich muss zum Arzt gehen.
Jeg har hovedpine.	Ich habe Kopfschmerzen.
Jeg har ondt i fødderne.	Mir tun die Füße weh.
Jeg har ondt i halsen.	Ich habe Halsschmerzen.
Jeg er forkølet.	Ich bin erkältet.
Jeg har hoste.	Ich habe Husten.
Jeg har brug for hostesaft.	Ich brauche Hustensaft.
et brækket ben	ein gebrochenes Bein
en forstuvet fod	ein verstauchter Fuß
et snitsår	eine Schnittwunde
højt blodtryk, -ket, -	hoher Blutdruck
lavt blodtryk, -ket, -	niedriger Blutdruck
Han har tandpine.	Er hat Zahnschmerzen.
I morgen har han en tid hos tandlægen.	Morgen hat er einen Zahnarzttermin.
Han er kommet på hospitalet.	Er ist ins Krankenhaus gekommen.
God bedring!	Gute Besserung!
Vi lever meget sundt.	Wir leben sehr gesund.
Vi dyrker regelmæssigt sport.	Wir treiben regelmäßig Sport.
Vi spiser mange vitaminer.	Wir essen viele Vitamine.
Vi er vegetarer.	Wir sind Vegetarier.

Vi er på slankekur en gang om året.	Wir machen einmal im Jahr eine Diät.

Medizinische Notfälle

Der Hausarzt (*lægen*) arbeitet werktags in der Regel zwischen 8.00 und 16.00 Uhr.
Der Notarzt (*lægevagten*) ist außerhalb dieser Öffnungszeiten zu erreichen. Der erste Kontakt sollte telefonisch erfolgen. Die Telefonnummer findet man im Telefonbuch.
Die Unfallstation (*skadestuen*) im Krankenhaus ist bei Unfällen rund um die Uhr direkt oder unter der Nummer 112 zu erreichen.

1 **Wie heißen die Körperteile? Ergänzen Sie.**

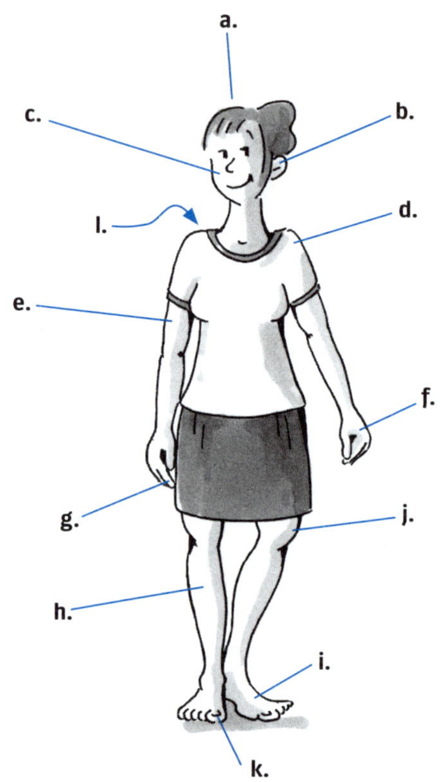

a. *et hoved* ____________ g. ____________

b. ____________ h. ____________

c. ____________ i. ____________

d. ____________ j. ____________

e. ____________ k. ____________

f. ____________ l. ____________

2 Was passt? Bilden Sie Wörter und sortieren Sie die Begriffe.

ber	der	en	fe	flu
ge	hjer	in	ke	knæ
kval	le	lun	me	nak
ne	ny	pi	re	skul
tand	te	tå	ver	za

a. Köperteile:

____

b. Organe:

____

c. Krankheiten oder Symptome:

____

3 Ergänzen Sie die fehlenden Wörter.

a. Hvordan ____________ det?

b. Tak, ____________ går godt.

c. Jeg ____________ kvalme.

d. Jeg føler ____________ meget utilpas.

e. Jeg har ____________ i halsen.

f. Jeg har ____________ for hostesaft.

g. God ____________!

Natur und Umwelt

Planter

Pflanzen

træ, -et, -er	Baum
blad, -et, -e	Blatt
egetræ, -et, -er	Eiche
kastanietræ, -et, -er	Kastanie
fyr(retræ), -ren, -re	Kiefer
bøg(etræ), -en, -e	Buche
grantræ, -et, -er	Fichte
busk, -en, -e	Busch
plante, -n, -r	Pflanze
blomst, -en, -er	Blume
græs, -set, -ser	Gras
hegn, -et, -	Hecke
lyng, -en	Heide

Dyr

Tiere

husdyr, -et, -	Haustier
hund, -en, -e	Hund
kat, -ten, -te	Katze
hest, -en, -e	Pferd
kanin, -en, -er	Kaninchen
fugl, -en, -e	Vogel
måge, -n, -r	Möwe
mus, -en, -	Maus
rotte, -n, -r	Ratte
gris, -en, -e	Schwein
ko, -en, køer	Kuh
høne, -n, -r	Huhn

hane, -n, -r	Hahn
gås, -en, gæs	Gans
and, -en, ænder	Ente
får, -et, -	Schaf
gede, -n, -r	Ziege
egern, -et, -	Eichhörnchen
ræv, -en, -e	Fuchs
(kron)hjort, -en, -e	Hirsch
løve, -n, -r	Löwe
abe, -n, -r	Affe
bjørn, -en, -e	Bär
slange, -n, -r	Schlange
snegl, -en, -e	Schnecke
skildpadde, -n, -r	Schildkrote
mariehøne, -n, -r	Marienkäfer
bi, -en, -er	Biene
flue, -n, -r	Fliege
hveps, -en, -e	Wespe
myg, -gen, -	Mücke
myre, -n, -r	Ameise
edderkop, -pen, -per	Spinne
fisk, -en, -	Fisch
vandmand, -en, -mænd	Qualle

Landskaber

Landschaftsformen

natur, -en, -er	Natur
fredet område, -t, -r / national park, -en, -er	Naturschutzgebiet
bakke, -n, -r	Hügel
bjerg, -et, -e	Berg
bjergegn, -en, -e	Gebirge

Berge

In Dänemark gibt es zwar Erhebungen, die als *bjerg* (Berg) bezeichnet werden, diese Bezeichnung aber nicht verdienen. Die höchste Erhebung ist der *Himmelbjerg* (Himmelberg) mit 147 Metern in der Nähe von Silkeborg.

skrænt, -en, -er	Hang
klippe, -n, -r	Felsen
dal, -en, -e	Tal
kløft, -en, -er	Schlucht
mark, -en, -er	Feld
park, -en, -er	Park
skov, -en, -e	Wald
urskov, -en, -e	Urwald
flod, -en, -er	Fluss
å, -en, -er	Bach
sø, -en, -er	See
hav, -et, -e	Meer
kyst, -en, -er	Küste
klit, -ten, -ter	Düne
ørken, -en, -er	Wüste
vulkan, -en, -er	Vulkan

Das Land der Inseln und Brücken

Dänemark besteht aus der Halbinsel Jylland und aus 443 Inseln, von denen 72 bewohnt sind. Die größten Inseln sind durch Brücken miteinander verbunden. Alle übrigen sind nur auf dem Seeweg zu erreichen. Dänemarks Landschaft ist somit von seiner ca. 7.500 km langen Küste gekennzeichnet. Dabei bieten Sandstrände, Wanderdünen, Steilküsten und Kreidefelsen und hügelige Landschaften sowie Seen und Fjorde ein abwechslungsreiches Bild.

Klima og miljøbeskyttelse

Klima und Umweltschutz

vejr, -et	Wetter
vejrudsigt, -en, -er	Wettervorhersage
sol, -en, -e	Sonne
Solen skinner.	Die Sonne scheint.
solenergi, -en	Sonnenenergie
regn, -en	Regen
hagl, -en	Hagel
sne, -en	Schnee
frostvejr, -et	Frost
Det regner / hagler / sner / fryser.	Es regnet / hagelt / schneit /friert.
tåge, -n	Nebel
sky, -en, -er	Wolke
varme, -n	Wärme
kulde, -n	Kälte
vind, -en	Wind
Det er tåget / skyet / blæsende.	Es ist neblig / bewölkt / windig.
Det er varmt / koldt / hedt.	Es ist warm / kalt / heiß.
vindenergi, -en	Windenergie
stormvejr, -et	Sturm
tordenvejr, -et	Gewitter
lyn, -et, -	Blitz
torden, -en, -er	Donner
jordskælv, -et, -	Erdbeben
tørke, -n, -r	Trockenheit
højvande, -t, -r	Hochwasser
opstemmet sø	Stausee
klimaændring, -en, -er	Klimawandel
drivhuseffekt, -en, -er	Treibhauseffekt
global opvarmning, -en, -er	Erderwärmung
hul i ozonlaget	Ozonloch

luftforurening, -en, -er	Luftverschmutzung
giftigt affald	Giftmüll
atomkraftværk, -et, -er	Atomkraftwerk
miljø, -et	Umwelt
miljøbeskyttelse, -n	Umweltschutz
miljøaktivist, -en, -er	Umweltschützer

Samsø – „Dänemarks Insel der erneuerbaren Energie“

1997 schrieb das dänische Energieministerium einen Wettbewerb aus, um eine Region auszuwählen, die im Laufe von 10 Jahren einen 100-prozentigen Umstieg auf erneuerbare Energien schaffen sollte. Das Konzept für Samsø gewann. 1998 wurde Samsø zu „Dänemarks Insel der erneuerbaren Energie“ ernannt. Die Insel erreichte ihr Ziel schon im Jahre 2003. Mit Windkrafträdern auf der Insel und vor der Küste, mit Sonnenenergie und Biomasse sowie einer Vielzahl von individuellen Mini-Kraftwerken (wie Wärmetauschern in den Molkereien) wird auf der Insel nicht nur genug Energie für die Selbstversorgung produziert, sondern auch noch Strom exportiert. Der Stromexport sorgt für die rechnerisch CO_2-freie Energieproduktion, denn obwohl die Bewohner ihren CO_2-Ausstoß deutlich senken konnten, muss für den Verkehr von Autos, LKWs und Fähren nach wie vor Öl importiert werden.

1 **Wie viele dänische Wörter für Tiere fallen Ihnen ein? Notieren Sie.**

a. Im Wald:

____

____

b. Im Haus oder auf dem Bauernhof:

____

____

c. Im oder auf dem Wasser:

____

____

d. In der Luft:

____

____

e. Wilde Tiere:

____

____

2 **Sortieren Sie.**

bakke busk bøgetræ egern gede
hest klitter lyng skov

Planter	Dyr	Landskaber

3 **Wie heißen diese Wörter rund ums Wetter und ums Klima richtig?**

a. durjevigst u ____________________

b. rotden t ____________________

c. ordskjvlæ j ____________________

d. øjlimttesleebysk m ____________________

e. gåtte t ____________________

Lösungen zu den Tests

1 Familie og bekendtskaber

Familie und Bekanntschaften

1

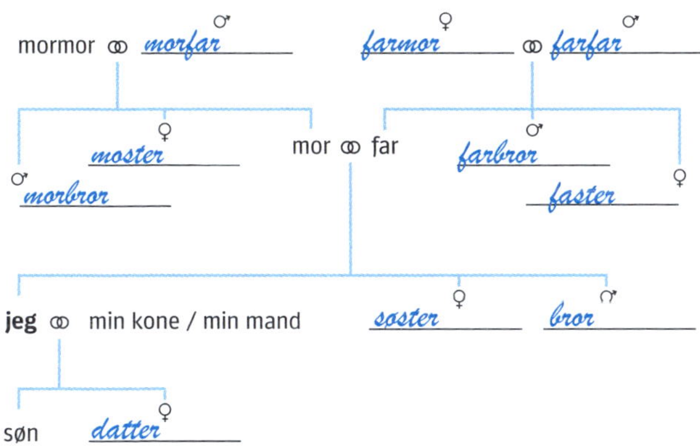

2

a. Katharina. **b.** I København. **c.** Fra Danmark.
d. 35. **e.** Ja, to piger.

3

a. grim **b.** slank **c.** høj **d.** kedelig
e. ung **f.** langt hår **g.** krøllet

4

a. torsdag **b.** lørdag **c.** marts **d.** maj
e. efterår

2 Bolig

Wohnung

1

a. i soveværelset **b.** i børneværelset **c.** i køkkenet
d. i badeværelset **e.** i spisestuen **f.** i haven
g. i stuen

2

a. kælder **b.** lejlighed **c.** pude
d. boremaskine **e.** støvsuge

3

a. skyskraber **b.** græsplæne **c.** badekar
d. skruetrækker **e.** tørretumbler **f.** skrivebord

4

a. lave **b.** pudse **c.** vande **d.** gøre
e. dække **f.** slå **g.** skrive

3 Påklædning
Kleidung

1

a. skjorte, kjole, nederdel
b. bomuld, silke, læder
c. gul, sort, lyseblå
d. ternet, blomstret, stribet

2

a. Jeg tager den.
b. De her bukser er for korte.
c. Kan jeg prøve den?
d. Hvor er prøverummene?
e. Nej tak, jeg kigger bare.

3

A	C	V	E	L	D	B	Ø	Æ	K	M	R	P	D
J	E	G	H	P	V	L	N	D	A	I	E	Ø	Æ
T	S	J	L	L	A	U	B	E	R	I	G	H	U
Z	J	A	K	K	E	S	Æ	T	Ø	Å	E	R	B
A	S	D	F	G	H	E	L	I	R	H	Y	M	A
R	U	K	V	Ø	K	E	T	A	N	A	P	E	D
G	H	I	J	M	H	U	E	S	S	N	I	N	E
B	U	Å	P	A	F	D	S	K	I	D	Y	N	B
E	R	T	E	P	K	L	U	Æ	U	S	Å	L	U
O	R	S	V	M	N	D	N	L	S	K	O	A	K
J	U	L	D	S	O	K	K	E	R	E	D	L	S
E	I	I	A	Æ	Z	H	V	O	L	R	E	N	E
F	I	P	E	L	L	Å	T	Z	Ø	K	Y	L	R
S	T	S	T	Ø	V	L	E	R	A	U	Ø	G	I

bluse, bælte, handsker, badebukser, slips, jakkesæt, hue, sko, uldsokker, støvler

4 Indkøb

Einkauf

1

en, fire, otte, syv, seksten, tyve, niogtredive, halvfjerds, fyrre, femhundrede

2

a. tolv **b.** nitten **c.** seksten
d. firs **e.** femoghalvtreds

3

a. kirsebær, pærer, gulerødder
b. rundstykker, wienerbrød, kage
c. kylling, oksekød, pålæg
d. fløde, marmelade, sukker

4

a. Jeg vil gerne have / Jeg skal have en kilo kartofler.
b. Ellers andet?
c. Hvad koster jordbærrene?
d. Nej, tak. Det var det hele.
e. Hvad bliver det?

5 Skole og erhverv

Schule und Beruf

1

a. underviser
b. rådgiver kunder og sælger
c. arbejder i sygehuset
d. bygger huse
e. serverer spise- og drikkevarer
f. skriver artikler
g. reparerer biler

2

a. ansøgning **b.** domstol
c. forretning **d.** dumpe

3

a. bogholder **b.** frisør **c.** journalist
d. bilværksted **e.** kontor **f.** domstol
g. tandlæge **h.** elev

Lösungswort: højskole

6 Kommunikation
Kommunikation

1

Jeg sletter en e-mail / en fil.
Jeg skriver en e-mail / et brev / en fil.
Jeg gemmer en e-mail / en fil.
Jeg sender et brev / en e-mail / en fil.
Jeg snakker i telefon.
Jeg tænder computeren.
Jeg surfer på nettet.

2

a. tidsskrift
b. nyheder
c. mobiltelefon
d. skærm
e. fjernsyn
f. styresystem

3

5, 7, 3, 1, 4, 6, 2

7 Fritid

Freizeit

1

Drinnen: sy, læse, danse, spille computerspil, se fjernsyn, male, høre musik
Draußen: cykle, tage solbad, samle rav, løbe, spille fodbold, sejle, gå en tur

2

a. rulleskøjter **b.** håndarbejde
c. krydsogtværs **d.** biograf
e. God fornøjelse! **f.** jubilæum

3

a. fødselsdag **b.** bryllup **c.** jul **d.** nytårsaften

8 På restaurant

Im Restaurant

1

a. aftensmad, frokost, middag, morgenmad
b. gaffel, kniv, spiseske, teske
c. dessert, forret, hovedret
d. eddike, olie, salt, peber

2

a. gerne
b. om
c. glas
d. vil
e. Må

3

A	C	V	E	L	D	I	Ø	Æ	K	M	R	P	D
B	I	A	J	E	K	K	F	D	A	I	E	K	Æ
T	S	J	L	L	A	O	L	E	R	I	G	A	U
Z	R	S	A	L	A	T	Æ	T	Ø	Å	E	R	B
A	S	D	F	G	H	E	S	I	R	H	Y	T	A
R	U	K	V	Ø	K	L	K	A	N	A	P	O	D
G	H	I	J	M	H	E	E	S	S	F	I	F	E
B	U	Å	P	A	F	T	S	K	I	I	Y	L	S
E	R	T	E	P	K	L	T	Æ	U	S	Å	E	U
O	R	S	V	M	N	D	E	L	S	K	O	R	P
J	S	P	E	J	L	Æ	G	P	R	E	D	L	P
E	I	I	A	W	Z	H	V	O	L	R	E	N	E
F	I	K	Y	L	L	I	N	G	Ø	K	Y	L	D
P	A	S	T	A	V	K	E	R	A	U	Ø	G	I

is, kotelet, flæskesteg, kartofler, fisk, suppe, salat, spejlæg, kylling, pasta

9 På hotel

Im Hotel

1

Typer af indkvartering: campingvogn, vandrehjem, ferielejlighed, sommerhus
På hotel: dobbeltværelse, morgenmad, elevator, internetforbindelse

2

a. vand
b. fungerer
c. lukkes
d. håndklæder
e. rent
f. mangler

3

a. Jeg vil gerne bestille et værelse.
b. Har De et dobbeltværelse?
c. Er der en svømmehal?
d. Hvad koster en nat?
e. Hvornår kan vi spise morgenmad?

10 Rejse og trafik

Reise und Verkehr

1

a. sporet **b.** lyskurv **c.** kørekort
d. perron

2

sporvogn, billetluge, forsinket, liggevogn, frakørsel, dæk, kobling, skifte, hovedbanegård

3

a. metroen **b.** bussen **c.** benzin
d. ildmaske **e.** ankomst **f.** bøde
g. broer **h.** vinduesplads **i.** cykel
j. told

Lösungswort: rundkørsel

11 Sundhed

Gesundheit

1

a. et hoved
b. et øre
c. et ansigt
d. en skulder
e. en arm
f. en hånd
g. en finger
h. et ben
i. en fod
j. et knæ
k. en tå
l. en ryg

2

a. knæ, nakke, skulder, tå
b. hjerte, lever, lunge, nyre
c. tandpine, feber, influenza, kvalme

3

a. går
b. det
c. har
d. mig
e. ondt
f. brug
g. bedring

12 Natur og miljø

Natur und Umwelt

1

a. kanin, egern, kronhjort, ræv, …
b. hund, kat, hest, ko, gris, …
c. and, fisk, myg, …
d. fugl, bi, flue, hveps, …
e. løve, bjørn, slange, abe, …

2

Planter: busk, bøgetræ, lyng
Dyr: egern, gede, hest
Landskaber: bakke, klitter, skov

3

a. vejrudsigt **b.** torden **c.** jordskælv
d. miljøbeskyttelse **e.** tåget